LES
DEUX FIGARO,

COMÉDIE

EN CINQ ACTES, EN PROSE.

PAR LE CITOYEN MARTELLY.

Représentée pour la première fois sur le théâtre de la République, l'an troisième.

A PARIS,

Se vend au théâtre de la République.

L'AN QUATRIÈME.

PERSONNAGES.

LE COMTE ALMAVIVA.
LA COMTESSE.
INEZ, *sa fille.*
CHÉRUBIN, *sous le nom de Figaro.*
FIGARO.
SUZANNE.
TORRIBIO, *sous le nom de D. Alvar.*
PLAGIOS, *auteur dramatique.*
PÉDRO, *auteur comique.*
UN NOTAIRE.
UN DOMESTIQUE.

La scène se passe au château du Comte Almaviva.

LES DEUX FIGARO,
COMEDIE.

ACTE PREMIER.
SCÈNE PREMIÈRE.
FIGARO.

Il y a trois ans, oui, ma foi, trois ans que je suis séparé de ma femme ! ce n'est qu'un jour ; j'ai été dix ans avec elle : c'est un siècle. Si j'avois souffert que le comte eût gardé la sienne, je ne l'aurois peut-être pas gouverné si aisément. Il m'est nécessaire à présent qu'elle revienne, et nous amène sa fille ; hé bien ! avec un mot, je la fais revenir. C'est un fort aimable seigneur, que ce seigneur-là ; je le mène comme un enfant. Trompé toute sa vie... C'est sa destinée, il ne pouvoit l'échapper. Je veux couronner mon ouvrage. D. Alvar, homme de qualité, autrefois Torribio, mon camarade et mon ami, se présente, est amoureux de Mademoiselle Inez, il n'a pas le sou, elle est riche ; il a une mauvaise réputation, mais on l'ignore ici ; il est jeune encore, il a de la naissance, elle ne se mésalliera point. Il aura une jolie femme, tant pis pour lui : il arrachera une bonne dot, dont il me fera part, tant mieux pour moi. Ce mariage me convient, il faut que Monsieur le Comte le veuille, il est à moitié gagné, il le sera tout-à-fait ; je l'ai résolu. Il est si bon, si bon, qu'il en est comme on dit.... je m'entends. Dès l'instant qu'il s'est montré dans le monde, il y a paru tel : un peu moins dans le commencement ; mais à l'époque de mon mariage, quand il vouloit me souffler ma femme, il a déployé une mal-adresse, un génie si fécond en sottises, qu'il m'a rendu honteux de le berner si aisément. Mettons à profit cet heureux caractère ; je l'ai forcé à commencer ma fortune, je le forcerai à l'achever.

SCÈNE II.
FIGARO, D. ALVAR.
FIGARO.

Quand vous auriez mis un peu moins de temps à votre toilette, il n'y auroit pas eu grand mal. Heureusement Monsieur le

Comte ne sera visible que dans quelques momens, et vous serez encore le premier introduit; mais il faut quelquefois savoir déranger le monde, pour paroître plus empressé. Comment, depuis près d'un mois que vous êtes ici, n'avez-vous pas deviné que cela peut lui déplaire.

D. ALVAR.

Allons, calme-toi, me voilà, il ne t'a parlé de rien?

FIGARO.

Non, pas encore; je vois qu'il vous étudie, il cherche à vous bien connoître; et moi, j'attends le moment où il me parlera de vous. Si je lui en parlais le premier, il prendroit des soupçons. Diantre! c'est un homme prudent; après trente jours de réflections, il fait une sottise, le trente et unième, avec une intrépidité, une assurance...

D. ALVAR.

Figaro?

FIGARO.

Hé! qu'importe que je vous dise vrai, pourvu que je mente avec lui. Il est déjà dans d'heureuses dispositions pour vous. J'en juge par les amitiés qu'il vous fait. Je vous servirai de toutes mes forces, et il en faut moins de la moitié pour réduire le cher Comte.

D. ALVAR.

J'attends tout de ton zèle, et tu peux tout attendre de ma générosité.

FIGARO.

Comme les circonstances changent le style. Le Don Alvar de ce moment, disoit jadis à son camarade Figaro : écoute, Figaro, nous ne valons pas mieux l'un que l'autre; mais Torribio, moins adroit et moins leste que toi, attends tout de ta générosité.

D. ALVAR.

Je ne vois pas la nécessité de me rappeler ma vie passée; D. Alvar doit oublier les sottises de Torribio.

FIGARO.

Il y a furieusement de ce dernier dans le projet que nous formons.

D. ALVAR.

Hé bien! encore ce trait de nos anciennes habitudes; la fortune et l'amour m'y forcent; tes conseils m'encouragent, mais après le succès qu'il n'en soit plus question.

FIGARO.

Oui, soyons honnêtes-gens, quand nous n'aurons plus besoin d'être fripons. J'aime cette morale, je te l'ai prêchée plus d'une fois, et, en vérité, je t'ai toujours regardé comme un disciple qui pouvoit me faire honneur.

D. ALVAR.

Dans le nombre des choses que je suis forcé de te pardonner...

FIGARO.

Avec de la mémoire, pardonner me paroît drôle.

COMÉDIE.

D. ALVAR.

Oui, pardonner.

FIGARO.

Hé bien !

D. ALVAR.

Défais toi sur tout de cette ancienne familiarité. Tu pourrois, conservant cette habitude, t'échapper devant le Comte, et l'homme que Figaro tutoye n'est pas avantageusement recommandé.

FIGARO.

Tu fermes... vous fermez ma bouche en me donnant cette crainte. Respectons D. Alvar, son nom du moins, pour que le mariage se fasse : mon intérêt s'y trouve. Mais permettez, Seigneur, que je parle un moment à mon ancien camarade : je t'ai élevé, Torribio, je t'ai jugé digne de mes soins ; nous nous sommes vus dans les champs de l'honneur. Ne serois-tu pas, par hasard, encore plus frippon que moi ? Ce nom de D. Alvar qui t'est tombé comme des nues, cette métamorphose, tout cela n'est peut-être qu'un coup de génie. Tromper Monsieur le Comte, épouser sa fille, c'est fort bien ; mais tromper Figaro, en le faisant servir à tes projets.... je te le pardonnerai en faveur de l'invention.

D. ALVAR.

Non, Figaro, non, Torribio n'est plus, c'est bien D. Alvar qui te parle. Mon père ayant perdu, dissipé sa fortune, quitta sa patrie après la mort de sa femme. Je suis le fruit de ce mariage, bon, bien bon, mais secret. J'avais trois ans quand mon père partit. Il me laissa chez de pauvres et honnêtes gens, que je quittai à l'âge de douze ans, ignorant encore qui j'étois. Il y a six mois que, passant près du village qu'ils habitoient, je fus curieux de les revoir. Mon père, à l'article de la mort, leur avoit adressé tous les titres qui constatoient ma naissance et mon rang ; je les ai reçus, j'ai donné quelques larmes à la mémoire de mon père. Je suis parti muni de mes titres, et, dans ma route, passant près du château de la Comtesse Almaviva, un accident m'y fit descendre ; j'y vis sa fille, et, tu sçais le reste.

FIGARO.

Je vous la donne, voilà qui va bien, les lettres, les paperasses nous serviront auprès du Comte. Mais, point de fortune, voilà le diable.

D. ALVAR.

Figaro pourroit craindre !

FIGARO.

Craindre ! Figaro timide ! qu'ai-je donc dit là ? point de fortune ! Pauvre à présent, oui, mais riche avant la fin du jour. Hé bien ! n'est-ce pas toujours le même D. Alvar ? Seigneur je respecte le matin qui doit m'enrichir le soir.

D. ALVAR.

Crois-tu que je puisse, dans ce moment, me présenter chez le Comte ?

FIGARO.

Sans-doute : et sans se faire annoncer. Je vous l'ai dit, l'empressement fait excuser l'impolitesse. D'ailleurs, j'ai besoin d'être seul. C'est ici que je reçois mes visites. Des auteurs, que je protège, sont venus s'établir tout près de ce château. Je leur donne audience aujourd'hui, pour la première fois : et voici l'heure, pardon Monseigneur, si je ne vous conduis pas, vous permettez que je reste.

D. ALVAR.

Toujours le même ! toujours insolent !

SCÈNE III.

FIGARO, seul.

FORTUNE, dont la main couronne...... Ce coquin de Torribio ! le voilà homme de qualité et sur le point de faire un bon mariage. Tant il est vrai qu'il ne faut jamais désespérer du sort. Mais il nous a traité bien inégalement. Torribio, Figaro son ami, camarades, libertins, joueurs.... tout ce qu'on voudra. Ils ne sçavent de qui ils sont nés ; un beau jour me voilà fils d'un médecin, et j'ai trente ans quand ma mère se marie : un autre beau jour, le voilà fils d'un seigneur ruiné, et il vient s'enrichir à l'ombre de ses titres..... à la bonne heure, pourvu que j'y trouve mon compte. On entre.

SCÈNE IV.

PEDRO, FIGARO, LOPÈS PLAGIOS.

PEDRO, à Figaro.

Vous que le ciel a doué d'un génie si rare....

LOPÈS PLAGIOS, à Figaro.

Vous qui fûtes en tout temps si digne de votre renommée....

PEDRO.

Mortel fécond en intrigues.....

PLAGIOS.

Esprit inventif, prodige de.....

PEDRO.

Inépuisable source de traits saillans.....

PLAGIOS.

Homme envié, admiré par tout.....

PEDRO.

Soyez l'appui de mon foible talent.....

PLAGIOS.

Aidez un auteur timide.

PEDRO.

Je veux faire une comédie.

PLAGIOS.

Je fais un drame.

PEDRO.

Il me manque le sujet, le plan et le dialogue.

COMÉDIE.

PLAGIOS.

J'ai besoin d'un coup de théâtre.

PEDRO.

J'ai recours à vous.

PLAGIOS.

Mon succès dépend de vous.

FIGARO, à Plagios.

Il vous faut un coup de théâtre ? choquez la vraisemblance, je réponds du succès. (à Pédro.) A vous, un sujet de comédie, l'arrangement des scènes et le dialogue ? Soyez hardi, armez vous d'épigrammes, votre pièce aura cent représentations. Mettons-nous à l'ouvrage. (ils vont chercher des fauteuils.) Mettez-vous là, vous là, vous là, moi au milieu : bon. Lopès Plagios, quel espèce de coup de théâtre voulez-vous.

PLAGIOS.

Voilà le sujet de mon drame. Un jeune homme, né dans la classe obscure.....

FIGARO.

Des honnêtes gens ?

PLAGIOS.

C'est ce que mon héros ne sait pas, et dont il se soucie peu. Né dans la classe obscure de ceux que le sort condamne à servir les autres, se trouve.....

FIGARO.

Un moment, je n'ai pas besoin de connoître à fond le sujet.

PLAGIOS.

Mais encore faut-il savoir.....

FIGARO.

Hé ! qu'importe que le coup de théâtre tienne au sujet, naisse du sujet, pourvu que ce soit un bel et bon coup de théâtre, bien étourdissant ?

PLAGIOS.

Ah ! pardon, je croyois.....

FIGARO.

Vous croyez mal. Vous faut-il une reconnoissance, une fête troublée, un embrâsement ?

PLAGIOS.

Puisque la connoissance du sujet n'y fait rien, choisissez vous-même, je m'en rapporte à vous.

FIGARO.

Hé bien ! plaçons-y une reconnoissance, l'effet est sûr ; j'en ai la preuve.

PLAGIOS.

Croyez-vous qu'il soit nécessaire de savoir entre quels personnage nous la ferons ?

FIGARO.

C'est tout ce qu'il faut, y a-t-il quelques frères, quelques sœurs ? y a-t-il une famille dans ce drame ?

PLAGIOS.

Le jeune homme est fils unique et orphelin.

FIGARO.

Superbe ! il faut faire revivre père et mère.

PLAGIOS.

Il étoit au berceau quand ils moururent.

FIGARO.

Quand on les croit morts, vous les amenerez là ; ils reconnoîtront leurs fils dans le moment le plus critique.

PLAGIOS.

Ils le reconnoîtront.... Mais si dès le berceau ils l'ont perdu de vue ?

FIGARO.

Un hiérogliphe au bras droit.

PLAGIOS.

Mais cela ressemble....

FIGARO.

Aimeriez-vous mieux un coup de théâtre qui ne ressemblât à rien ? je vous le garantis d'un grand effet.

PLAGIOS.

Cependant....

FIGARO.

Auteur timide ! en voulez-vous un second ? Coup sur coup ? Autre hiérogliphe au bras gauche. Deux pères pour un, et tous deux présents. Embarras de situation.

PLAGIOS.

Pour la mère ?

FIGARO.

Bien vu : il faut la placer là.

PLAGIOS.

Mais comment débrouiller....

FIGARO.

La mère se chargera de ce soin. Je vois cela d'ici. Travaillez, travaillez, l'idée est bonne. A vous, seigneur Pédro.

PEDRO.

Je veux faire une comédie, et n'ai encore trouvé que l'envie d'y travailler.

FIGARO.

Pièce de caractère ?

PEDRO.

Comme vous voudrez.

FIGARO.

Pièce d'intrigue ?

PEDRO.

Cela m'est égal.

FIGARO.

Indifférent sur le choix. En ce cas, de l'intrigue seulement bien embrouillée, conduite avec peine ; un dénouement forcé, imprévu : c'est ce qu'il faut.

COMÉDIE.

PEDRO.

Cependant, seigneur Figaro, sauf meilleur avis, un caractère bien clair, bien développé, placé dans des circonstances qui le font respecter, une intrigue sage, un dénouement heureux et naturel, un dialogue pressé, varié selon les personnages, analogue à la situation, les scènes liées si bien l'une à l'autre, que toutes soient indispensables ; voilà, je crois, ce qui constitue la bonne comédie, la seule vraiment bonne.

FIGARO.

Quel âge avez-vous, seigneur Pédro ?

PEDRO.

Je sais Molière par cœur.

FIGARO.

Fréquentez-vous nos spectacles ?

PEDRO.

Je suis les pièces des meilleurs auteurs.

FIGARO.

Ces deux réponses ne sont pas des plus justes : je vois que vous tenez à de vieux préjugés. Voulez-vous réussir ?

PEDRO.

C'est pour cela que je vous consulte.

FIGARO.

Laissez-vous donc conduire. Mettez Molière de côté, et livrez-vous au nouveau genre.

PEDRO.

Vous me conseillez donc....

FIGARO.

De l'intrigue, de l'intrigue. Attendez, j'y suis... l'idée me plaît. Un grand seigneur (beaucoup de fortune, un grand nom et peu de génie) est séparé de sa femme et de sa fille. La demoiselle a quinze ans : un serviteur intrigant, homme d'esprit, adroit, alerte, gouverne le père, et forme le projet de marier sa fille à un de ses anciens camarades, qui, je ne sait pas comment, se trouve homme de qualité. Il conduit cette intrigue par l'espoir d'une bonne part à la dot. Le père est un bon humain : c'est un mouton. Par le conseil de son serviteur, il rappelle sa femme et sa fille ; toutes deux foibles, se soumettent à ses ordres : il n'est entêté qu'avec elle. Le mariage se fait ; la dot est comptée et partagée. La jeune dame sera-t-elle heureuse ? C'est ce qui nous importe peu de savoir : la toile est déjà baissée.

PEDRO.

Et point d'obstacles ? nul incident qui vienne à la traverse ? rien qui donne du mouvement, de la chaleur à cette intrigue ?

FIGARO.

Je ne peux pas tout vous dire en un jour ; s'il me vient quelqu'idée nouvelle, je vous en ferai part. Mais, sans le vouloir, vous êtes servi à souhait. Vous desiriez des caractères, en voilà ; mère et fille timides, père imbécile et entêté, amant escroc, domestique adroit. Que vous faut-il de plus? Retenez bien cela, voilà votre sujet. Revenez me montrer l'arrangement de vos scènes, et nous travaillerons de concert au dialogue. Avec quelques proverbes, des calembourgs, des jeux de mots, beaucoup de sarcasmes, nous irons au grand. Hé! si vos personnages s'avisent d'avoir le sens commun, vous n'obtiendrez pas un coup de main.

PEDRO.

Vous m'étonnez de plus en plus. Ah! que vous méritez bien la haute réputation dont vous jouissez. Je vais me mettre à l'ouvrage, et je reviendrai demander vos avis.

FIGARO.

Adieu, messieurs.

PLAGIOS.

Deux pères et deux hiérogliphes.

FIGARO.

Et mille bravo: adieu, messieurs.

SCÈNE V.

FIGARO, *seul*.

PARBLEU, l'idée est singulière. Je ne serai pas embarrassé pour dialoguer cet ouvrage. J'ai mes acteurs tous prêts. Je n'aurai qu'à retenir et copier. Ils ne s'en doutent pas. Quel jour de plaisir! Voici deux de mes personnages.

SCÈNE VI.

FIGARO, LE COMTE, D. ALVAR.

LE COMTE.

VOTRE inquiétude me plaît, seigneur D. Alvar; mais je vous le répète avec plaisir, vous me convenez infiniment, et je suis très-disposé à vous accorder ma fille; votre naissance, vos sentimens, votre façon de penser me parlent en votre faveur. J'ai écrit à la comtesse de revenir avec Inez; néanmoins, pour donner plus de prix à notre alliance, vous permettrez que je prenne tous les éclaircissemens qui me sont nécessaires.

FIGARO, *à part*.

Des éclaircissemens; c'est de moi qu'il les recevra.

LE COMTE.

Je suis assuré d'avance que cette précaution d'un père ne peut vous désobliger, puisqu'elle me fortifiera dans la haute opinion que j'ai déjà conçue de vous.

D. ALVAR.

Je ne puis qu'approuver votre intention: elle est louable. En si peu de temps, je n'ai pu inspirer une confiance entière...... A votre place, j'agirois de même.

LE COMTE, *appercevant Figaro*.

Ah! te voilà Figaro?

FIGARO

COMÉDIE.

FIGARO.
Ces messieurs sont peut-être en affaire? Je me retire.

LE COMTE.
Oui..., Ah! écoute Figaro? (*bas*) Reviens, j'ai à te parler?

FIGARO, *bas au Comte*.
Je suis à vous dans la minute.

D. ALVAR.
Bonjour, Figaro. (*bas à Figaro.*) Reviens, j'ai besoin de ton appui.

FIGARO, *bas à D. Alvar*.
Soyez tranquille; de la prudence, et nous le tenons.

SCÈNE VII.
LE COMTE, D. ALVAR.

D. ALVAR.
C'est un serviteur fidele, que ce Figaro, et qui paroît vous être bien attaché.

LE COMTE.
Il le doit; j'ai assez fait pour lui. Il me servoit de valet de cambre dans ma solitude.

D. ALVAR.
Je le connoissois de réputation. Il a fait du bruit dans le monde.

LE COMTE.
Tant pis. Si l'on a beaucoup parlé de lui, ce ne peut être que d'après les tours qu'il m'a joués; et c'est tout juste à mes dépens qu'il a de la renommée.

D. ALVAR, *à part*.
Imprudent, j'ai dit une sottise. (*Au Comte.*) Ce qu'on vante le plus en lui, c'est son attachement pour son maître. Mais parlons d'autres choses. Je reviens à ce que nous disions, et je vous conjure moi-même de ne négliger rien de ce qui pourra vous convaincre que le bonheur de votre aimable fille est assuré si elle peut dépendre de moi.

LE COMTE.
Je vous crois, Don Alvar; le nom que vous portez vous engage à en soutenir l'honneur; et ce nom seul est une grande recommandation : ces titres, ces papiers que vous m'avez fait parcourir m'ont rappelé des noms bien chers à ma famille, qui déjà s'est alliée à la vôtre. Je parle de long-temps.

D. ALVAR.
Je ne me parerai pas d'une vaine modestie au sujet de ma naissance. Il est vrai qu'elle est illustre; ma fortune n'y répond pas. Si c'étoit un motif d'exclusion, je pourrois craindre........

LE COMTE.
Ne craignez rien; d'après ce que vous m'avez dit, et que je dois croire, jointe à celle que ma fille tiendra de moi, votre fortune suffira à votre nom et à votre rang.

B

LES DEUX FIGARO,

D. ALVAR.

Il ne me reste donc à faire valoir auprès de vous que mon amour pour la belle et vertueuse Inez, et mon respect pour son père.

LE COMTE.

Vous me charmez. Je les attends aujourd'hui, et tout sera bientôt terminé.

SCÈNE VIII.

LE COMTE, D. ALVAR, FIGARO.

FIGARO, *à un domestique en entrant.*

C'est aujourd'hui que madame arrive, voilà vingt fois que je le dis. Suis la grande avenue, et reviens grand train nous avertir si tôt que tu appercevras les équipages. (*le domestique sort.*)

LE COMTE.

Figaro, j'ai quelques ordres à te donner. (*à D. Alvar.*) Vous permettez ?

D. ALVAR.

Je me retire.

LE COMTE.

Pardon, mais ne vous éloignez pas. Si-tôt que la Comtesse sera arrivée, c'est moi qui vous présenterai ; je me suis réservé ce plaisir.

D. ALVAR, (*salue le Comte, et dit en passant à Figaro.*)

Tu sais.....

FIGARO.

SCÈNE IX.

LE COMTE, FIGARO.

LE COMTE.

Figaro !

FIGARO.

Monsieur le Comte ?

LE COMTE.

Que penses-tu du seigneur Don Alvar ?

FIGARO.

Ce que j'en pense, Monsieur le Comte ?

LE COMTE.

Oui.

FIGARO.

Sa phisionomie me revient assez.

LE COMTE.

J'aime son air, ses manières, son honnêteté

FIGARO.

Il raisonne, oui; j'ai remarqué en lui de la solidité, des principes.

LE COMTE.

Il est d'une grande famille.

FIGARO.

Effet du hasard; mais tant mieux pour lui.

LE COMTE.

Je lui crois de la fortune, mais pas bien considérable.

FIGARO.

S'il l'avoit, on auroit tort de lui soutenir le contraire.

LE COMTE.

C'est de lui que je le tiens.

FIGARO.

Il faut que cela soit...... Monseigneur avoit quelques ordres à me donner.

LE COMTE.

Non. Écoute, il est amoureux de ma fille.

FIGARO.

Ah! ah!

LE COMTE.

Il me la demande.

FIGARO.

Vous plaisantez?

LE COMTE.

Non, d'honneur.

FIGARO.

Il n'est pas mal-adroit. Amoureux de la fille, venir chez le père, gagner son amitié, avouer que sa fortune n'égale pas son rang, s'appuyer de la franchise que cet aveu annonce, portant d'ailleurs un nom illustre; tout cela n'est pas mal vu. Malgré tous ces avantages, si vous n'avez pas rejeté hautement sa proposition, je pense bien que vous ne comptez pas vous y rendre et lui accorder votre unique héritière?

LE COMTE.

Je ne sais; je serais presque tenté de faire le bonheur d'un galant homme.

FIGARO.

Quoi! vous pourriez.....

LE COMTE.

Pourquoi non? ma femme et ma fille arrivent aujourd'hui je leur ferai part de ce projet.

FIGARO.

Prenez que je n'aye rien dit. Je suis fâché d'avoir eu l'air de rejetter cette idée.

LE COMTE.

Par quelle raison ne serois-tu pas de mon avis?

FIGARO.

Ah ! mon cher maître, croyez-moi, ne faites pas ce mariage; le seigneur D. Alvar ne peut vous convenir; des défauts sans nombre; en vérité; une conduite qui n'est pas à l'abri du reproche.

LE COMTE.

Et tu le vois, m'as tu dit, pour la première fois.

FIGARO.

Pardon, je vous tromperois : mais ceci devient trop sérieux pour garder plus long-temps le silence que je lui avois promis.

LE COMTE.

Tu le connois ?

FIGARO.

Depuis long-temps. Je ne m'étonne plus si, sans me parler de son amour, il m'a recommandé d'avoir l'air de ne pas le connoître, il avoit bien ses raisons.

LE COMTE.

Tu m'étonnes, poursuis, Figaro, instruis-moi de tout; tu sais que j'ai confiance en toi.

FIGARO.

Vous ne l'avez pas toujours eue cette confiance. Je suis enfin parvenu à l'obtenir, je la méritois.

LE COMTE.

Je n'oublierai pas le service que tu me rends.

FIGARO.

Je n'ai point oublié celui que vous m'avez rendu.

LE COMTE.

Lequel ?

FIGARO.

Trois ans de repos, séparé de ma femme.

LE COMTE.

Elle va revenir, et c'est toi....

FIGARO.

Nous sommes si bons !

LE COMTE.

D. Alvar, dis-tu ?....

FIGARO.

D. Alvar a été mon maître, pendant trois..... ou quatre mois ; je crois. Il y avoit bien six semaines que je n'étois plus à son service quand j'eus le bonheur de vous rencontrer à Seville..... Il est un peu foible de là. Il n'est pas infiniment riche, il vous l'a dit. Il a bien, par-ci par-là, quelques terres, anciens châteaux et maisons de famille, mais tout cela ne vaut pas grand chose (*en confidence*). La plus grande fortune ne pourroit pas lui suffire.

LE COMTE.

Prodigue ?

FIGARO.

A l'excès. Qu'un homme aillé lui dire : Seigneur Don Alvar, ma femme est bien malade, j'ai des enfants, je suis dans la plus grande misère. Ah! ciel! voilà ma bourse. Un autre arrive : Seigneur Don Alvar, je suis un de vos vasseaux; je n'ai pour tout bien que le champ que mon père m'a laissé; la grêle a tout détruit, je n'ai plus de quoi vivre. —— Infortuné.... et des larmes qui s'échappent. —— Tiens, mon ami, voilà de quoi attendre la saison prochaine, qui sera peut-être plus heureuse. En cent occasions, enfin, on le voit se conduire de cette manière. Mais, mon maître, lui disois-je quelquefois, votre fortune ne peut suffire à tous ces dons. Vous êtes bien jeune, vous n'avez pas vingt ans, vous n'avez plus ni père ni mère qui vous aident de leurs conseils, souffrez ceux de votre serviteur. Que veux-tu, me disoit-il, je n'aime point le jeu, je ne dépense rien avec les femmes, et je prends même sur mon nécessaire pour donner à ceux qui sont dans le besoin. En ce cas, seigneur D. Alvar, répliquais-je, ne vous mariez jamais, vous pourriez être contrarié dans ce plaisir. Si je me mariais, répondoit-il, ce que je ne serai assurément pas, il faudroit que le sort me fît découvrir une femme comme il en est peu; je n'aurois de volontés que les siennes, et, quoiqu'elle exigeât, j'accorderois tout sans réplique. Je connois ma foiblesse, et me tiens sur mes gardes. Voyez à présent, Monsieur le Comte, si votre fille, âgée seulement de quinze ans, est déjà capable de conduire, de gouverner un mari prodigue, d'une complaisance qui iroit jusqu'à la foiblesse, assez triste, et préférant ses rêveries philosophiques aux plaisirs recherchés pour les grands.

LE COMTE.

Mon parti est pris maintenant.

FIGARO.

Je suis fâché de lui nuire, mais nulle considération ne doit me retenir quand ma sincérité peut vous être utile.

LE COMTE.

C'est bien, Figaro, c'est bien, et je te suis obligé des détails que tu viens de me donner sur son compte.

SCÈNE X.

LE COMTE, FIGARO, UN DOMESTIQUE, *en bottes*.

LE DOMESTIQUE.

MONSEIGNEUR, je n'ai pas eu besoin d'aller bien avant dans l'avenue, Madame arrive; sa voiture n'est peut-être qu'à deux cents pas du château.

LE COMTE.

Je sors, et vais la recevoir. (*le domestique sort.*)

SCÈNE XI.
LE COMTE, FIGARO.
FIGARO.

N'ALLEZ pas me trahir, au moins.

LE COMTE.

Ne crains rien. Je comptais prendre les avis de la Comtesse sur ce mariage, et consulter ma fille ; ce n'étoit qu'un projet : je leur déclarerai que c'est mon intention, et il faut que les signatures se donnent dans la journée.

FIGARO.

Mais, Monseigneur....

LE COMTE.

Ne me réplique pas ; c'est ma volonté.

SCÈNE XII.
FIGARO, seul.

AH! Monsieur le Comte, plus fin que vous, ma foi.... est encore assez bête, et me dégoûterait de le tromper, si je n'y trouvois pas plus de profit que de gloire.

SCÈNE XIII.
FIGARO, D. ALVAR.
D. ALVAR.

EH bien, Figaro, que dit le Comte ? je guettois l'instant où il te quitterait.

FIGARO, s'inclinant.

Monseigneur, voyez le chapeau bas, cette attitude respectueuse ! vous connoissez Figaro, qu'est-ce que cela prouve ?

D. ALVAR.

Que ma fortune est assurée.

FIGARO.

Et que vous allez faire la mienne. Partez et que l'on ne nous voye pas ensemble, vous serez bientôt présenté.

SCÈNE XIV.
FIGARO, seul.

ET nous, pressons l'instant des signatures ; mais avant tout, ayons celle de Don Alvar, pour la forte somme qui doit me revenir. (*par réflexion.*) Hélas! tous les biens d'ici bas sont mêlés de quelques peines..... je vais revoir ma femme.

Fin du premier Acte.

ACTE II.
SCÈNE PREMIÈRE.
LA COMTESSE, SUZANNE.

LA COMTESSE.

Connois-tu quelque chose à la conduite de mon mari ? Il nous rappelle auprès de lui avec les plus belles protestations ! et ses premières paroles sont de marier Inez à D. Alvar, qu'àpeine je connois, et qu'il connoit aussi peu que moi.

SUZANNE.

Mon très-cher Figaro, (c'est, mon époux, me résoudre à te flatter,) cet homme est sûrement pour quelque chose..... pour beaucoup dans cette affaire là. C'est lui qui força Monsieur le Comte à nous envoyer dans un château éloigné du sien, j'en suis sûre : et c'est encore lui qui le méne à présent.

LA COMTESSE.

Oui, nous avons soupçonné ton mari d'avoir causé cette rupture : cependant, s'il est vrai que Monsieur le Comte ne fait rien sans son conseil, il faut que Figaro ait approuvé notre retour. Comment donc concilier.....

SUZANNE.

C'est de-là que je pars pour le soupçonner. Il a été d'avis que nous revinssions, peut-être même l'a-t-il sollicité, il avoit ses vues ; et je ne lui suppose pas une assez forte passion pour sa femme, pour croire qu'il n'ait cherché que le plaisir de me revoir.

LA COMTESSE.

Je ne puis me résoudre à faire le malheur de ma fille. Comment parer ce coup ?

SUZANNE.

Il n'y a qu'à tenir bon ; quitte pour aller revoir notre château. On dit je le veux, dites je ne le veux pas ; mais articulez si bien ces décisives paroles, qu'on ne puisse s'y méprendre ; votre fille pleurera, c'est son rôle ; de mon côté, je ferai enrager mon petit Figaro : Monsieur le comte sera étourdi de ses contrariétés, le Don Alvar se rebutera, nous dirons adieu à tout le monde, et nous recouvrerons notre liberté.

LA COMTESSE.

Que de circonstances affligeantes ! Inez se désole et n'ose résister.

SUZANNE.

Elle est si bonne, et si timide, elle pourroit céder..... Mais Chérubin est bien aimable. Elle auroit peut-être désobéi à son père.

LA COMTESSE.

Ce pauvre Chérubin va être bien triste aussi.

SUZANNE.

Oui, triste, mais il a du caractère. Il trouvera quelque expédient, et ne compromettra personne. Mais quand j'y songe.... aurions-nous pu le reconnoître s'il ne s'étoit nommé. Ce teint délicat, cette peau blanche et fine, maintenant brûlée par le soleil. Cette voix grêle et foible, qui est devenue une bonne voix de poitrine, mâle et sonore.... il est grandi, grossi, noirci,..... et toujours charmant.

LA COMTESSE.

Que par sa bonne conduite il s'est rendu bien digne de mon amitié; je te l'avoue, Suzanne, j'ai vu avec plaisir naître l'inclination de ma fille; il a acquis assez de considération, il est parvenu à un grade assez élevé pour être en droit de rechercher la fille du Comte Almaviva.

SUZANNE.

Et cette prudence qui accompagne ses moindres actions! votre époux ne l'aime pas trop, je ne sais pourquoi; depuis si long-temps qu'il ne l'a vu, il auroit dû oublier ses anciennes expiègleries.

LA COMTESSE.

Aussi a-t-il craint de nous accompagner jusqu'ici.

SUZANNE.

Il n'est pas bien éloigné. L'avis que nous lui avons donné du projet de mariage est déjà entre ses mains. Il peut encore passer trois semaines loin de son Régiment, ce temps suffit pour opérer quelque révolution. J'ai d'heureux pressentimens.

LA COMTESSE.

Tu me rassurerois presque.

SUZANNE.

Ma bonne maîtresse! nous avons chacune un mari, ah! pour nos péchés. Il faut pourtant que je rende justice à Monsieur le Comte : je crois que sans mon aimable Figaro vous seriez plus tranquille.

LA COMTESSE, *souriant*.

Mon très-cher Figaro! mon petit Figaro! mon aimable Figaro!... et le ton qui accompagne tout cela.... Comment t'a-t-il reçue.

SUZANNE.

Nous sommes les meilleurs amis du monde.... il me craint.

LA COMTESSE.

A propos de quoi?

SUZANNE.

Quelques mots que j'ai lâchés! oh! sans intention, en vérité; j'ai eu l'air, bien innocemment, de le soupçonner d'intelligence avec D. Alvar.

LA COMTESSE.

Quel seroit le sujet de cette intelligence?

SUZANNE.

Que sai-je? Monsieur le Comte veut marier sa fille, donc, Figaro veut veux qu'elle se marie. Monsieur le Comte veut la donner à D. Alvar, donc Figaro veut qu'on la lui donne.

SCÈNE II.

LA COMTESSE, SUZANNE, FIGARO.

FIGARO, *(qui a entendu les derniers mots de Suzanne.)*

Et toujours Figaro ! pardon, Madame, si j'interromps votre entretien ; mais ma Suzanne ne m'épargne point, et je dois me justifier.... Ah ! Suzanne, vous ne m'aimez plus.

SUZANNE.

Plus que jamais, et je voudrois te le prouver.

FIGARO.

Comment ?

SUZANNE.

En te châtiant bien fort.

FIGARO.

Je sais le proverbe.

LA COMTESSE.

C'est vous qui êtes la cause que j'ai vécue trois ans séparé de mon mari.

FIGARO.

C'est ma femme qui vous a dit cela.

LA COMTESSE.

C'est de vous que viennent toutes mes peines.

FIGARO.

C'est ma femme qui vous a dit cela.

LA COMTESSE.

C'est encore vous, je le parie, qui conseillez mon mari de donner sa fille à un homme qu'elle ne connoît pas.

FIGARO.

C'est ma femme.....

SUZANNE.

Et toujours ma femme.

FIGARO.

C'est comme je le disois ; et toujours Figaro !

SUZANNE.

On a tort de te soupçonner ?

FIGARO.

Oui, c'est trop peu, il faut me convaincre.

SUZANNE.

Inexplicable personnage, laisse toi donc deviner.

FIGARO.

Tu en saurois autant que moi.

LA COMTESSE.

Que sauroit-on en vous devinant ?

FIGARO.

On sauroit, Madame, que D. Alvar, que je ne connois point, est descendu, il y a quelque temps, chez Monsieur le Comte, qu'il lui a parlé de son amour pour Mademoiselle Inez; qu'à force d'honnêteté, il a rendu sa présence agréable, que Monsieur le Comte est séduit, qu'il est décidé à faire ce mariage, que j'ai fait l'impossible pour l'en détourner, que le D. Alvar ne peut vous convenir, que je l'ai dit et redit cent fois, que je n'ai pas ici le pouvoir que vous me supposés, et que je suis prêt à vous offrir mes services, pour empêcher ce mariage, dussé-je être disgracié après avoir réussi.

LA COMTESSE.

Eh bien, Suzanne?

SUZANNE.

Eh bien, Madame?

LA COMTESSE.

Qu'en dis-tu?

SUZANNE.

Qu'en pensez-vous?

LA COMTESSE.

Je ne sais.

SUZANNE.

Acceptons l'offre et nous le jugerons sur le succès.

LA COMTESSE.

Je vous pardonnerai tout, Figaro, si vous parvenez à éloigner D. Alvar.

FIGARO.

Je m'y employerai tout entier, trouvons quelque moyen qui force Monsieur le Comte à changer de résolution, j'ignore ce que ce D. Alvar a en lui de si merveilleux pour avoir été si-tôt accepté. C'est un de ces événemens qui confondent : mais nous viendrons a bout de le congédier.

SCÈNE III.

SUZANNE, LA COMTESSE, LE COMTE, FIGARO.

LE COMTE.

Eh! bien, Madame, avez vous pris conseil? êtes vous toujours décidée à contrarier mes desirs? ou croyez vous enfin devoir accorder ce que je vous ai demandé.

LA COMTESSE.

Si je pourois me persuader, Monsieur le Comte, que le bonheur de votre fille vous intéressât assez peu....

LE COMTE.

Répondez, Madame..., j'attendois plus de complaisance de votre part le jour de notre réunion.

COMÉDIE.

LA COMTESSE.

Inez pleure... elle est bien malheureuse.

LE COMTE.

Elle obéiroit sans regret à son père; mais vous la soutenez par votre refus et vous doublez ses craintes.

LA COMTESSE.

Pourquoi la presser tant? elle est si jeune.

SUZANNE. (*qui a passé du côté de Figaro.*)

(*bas.*) Allons, une première preuve de ta sincérité. Parle et bien distinctement.

LE COMTE.

Faut-il absolument que je commande?

FIGARO.

Monseigneur, si vous donniez à Mademoiselle le temps de prendre quelque goût pour D. Alvar..... le mariage est effrayant quand le cœur....

SUZANNE, *bas à Figaro.*

Plus ferme, plus ferme. (*Elle repasse du côté de la Comtesse.*)

LE COMTE.

Allez vous me répéter tout ce que vous m'avez dit de lui? c'est cela précisément qui hâtera......

FIGARO, *l'interrompant.*

Eh bien, Monsieur le Comte, quand je devrois vous fâcher, je dois vous représenter qu'il est de votre intérêt que ce mariage ne se fasse point.

LA COMTESSE, *bas à Suzanne.*

Il nous parloit vrai.

SUZANNE.

Seroit-il bien possible?

LE COMTE.

Tu te découvres donc tout-à-fait? quel intérêt as-tu pour éloigner D. Alvar? quoi! je serai contrarié même par mes valets.

SUZANNE.

Si j'osois donner mon avis.

LE COMTE.

Parle, puisque ma bonté, ou plutôt ma foiblesse, en laisse ici le droit à tout le monde.

SUZANNE.

En ce cas, Monseigneur, je prendrai la liberté de dire que si Madame pouvoit avoir autant de courage que moi, elle vous diroit bien nettement, ce mariage ne se fera point, par la raison..... par la raison qu'il me déplaît.

LE COMTE, *à la Comtesse.*

Vous autorisez cette insolence.

LA COMTESSE.

Je blâme le ton qu'elle a pris: mais le motif la rend excusable.

LE COMTE, *à Figaro.*

Par quel miracle ta femme est elle du même avis que toi?

LES DEUX FIGARO,

FIGARO.

C'est bien un miracle, à moins que l'un de nous deux ne dise pas ce qu'il pense.

LE COMTE.

Fut-il jamais un mari plus tourmenté? un père moins obéi? un maître plus mal servi? tu te repentiras, Figaro, de ta témérité; mais quelque soit ton avis, quelque soit ici l'avis de tout le monde, pars, va chercher mon notaire et finissons.

FIGARO.

Monseigneur....

LE COMTE.

Tu me résistes!

LA COMTESSE.

Ah! Suzanne, quel jour affreux!

LE COMTE, à Figaro.

Partiras tu?... crains ma colère.

SUZANNE, bas à Figaro.

Si tu.....

FIGARO.

Je ne le puis, Monseigneur, je ne le puis, vous êtes mon maître mais il est des cas.....

SCÈNE IV.

Les précédens, UN DOMESTIQUE.

LE COMTE, au domestique qui entre.

Que veut-on?

LE DOMESTIQUE.

C'est un domestique, qui apporte une lettre pour Monseigneur.

LE COMTE.

De quelle part?

LE DOMESTIQUE.

Ah! je ne l'ai pas lue.

LE COMTE.

Imbécile! fais entrer.

SCÈNE V.

SUZANNE, LA COMTESSE, LE COMTE, CHÉRUBIN, *sous le nom du jeune Figaro*, FIGARO.

CHÉRUBIN, *portant une lettre*.

Un jeune colonel me recommande à vous, Monseigneur.

LE COMTE.

Donnez.

LA COMTESSE, *voyant Chérubin*.

Ah!

COMÉDIE.

SUZANNE, *à la Comtesse.*

Chût!

LE COMTE, *après avoir ouvert la lettre.*

C'est de Chérubin; je pensois qu'il ne vouloit plus écrire.

LA COMTESSE.

Vous ne répondiez plus à ses lettres.

LE COMTE.

Oh! il a eu de nos nouvelles, (*regardant Suzanne.*) n'est-ce pas?

SUZANNE.

Pourquoi, non? c'est sitôt fait, deux lignes, une épingle en cachet......

LE COMTE, *l'interrompant.*

Voyons ce qu'il écrit : « Monseigneur, vos bontés pour moi ont » été si souvent répétées que j'ai presque le droit de vous im- » portuner. Daignez protéger celui qui vous remettra cette lettre. » C'est un bon sujet, fidele, zélé, qui cherche à se placer. Je ré- » ponds de ses mœurs. J'espère que vous voudrez bien me don- » ner cette nouvelle preuve.... » etc, etc. des complimens d'usage. (*à Chérubin.*) Avez vous déjà servi?

CHÉRUBIN.

Je n'ai eu qu'un maître.

LE COMTE.

Pourquoi l'avez vous quitté?

CHÉRUBIN.

Il est mort.

LE COMTE.

Ah!... Eh bien! je verai... votre nom?

CHÉRUBIN.

Figaro.

TOUS.

Figaro.

CHÉRUBIN.

Oui Monseigneur, destiné à servir, possédant quelques talents agréables, je me suis honoré de ce nom. Il me suffit de m'entendre nommer pour me rappeler tous les devoirs d'un bon serviteur. Je n'aspire pas à la réputation de mon modele, mais je veux au moins égaler son zèle et son activité.

FIGARO.

Dittes-donc, mon cadet, vous ne m'avez pas consulté pour vous nommer ainsi.

CHÉRUBIN.

C'est vous qui êtes le véritable Figaro?

FIGARO.

Oui, de quel droit s'il vous plait,......

CHÉRUBIN.

Anonyme comme vous, j'ai choisi le nom qui me plaisoit le plus.

LES DEUX FIGARO,

LE COMTE.

Vous n'irez pas loin pour trouver un maître : vous me servirez. (*à Figaro.*) Pour vous Monsieur, qu'il est si difficile de faire obéir, restez où partez, cela m'est égal, et sachez moi gré de ce que je ne vous chasse pas décidément. (*à Chérubin.*) Gardez ce nom puisqu'il vous plaît. Vous serez le jeune Figaro. Vous ferez ce que l'autre a refusé de faire. J'ai besoin d'un notaire, on vous donnera ici l'adresse du mien, partez tout de suite, et me l'amenez.

Le jeune FIGARO.

Reposez vous sur moi, Monseigneur, il sera ici avant la fin du jour.

LA COMTESSE, *bas à Suzanne*.

Quoi !

SUZANNE, *bas à la Comtesse*.

Laissez le faire.

FIGARO, *à part*.

Ce cher cadet Figaro ! c'est comme s'il m'obéissoit.

LE COMTE, *à la Comtesse*.

Je vous laisse réfléchir, Madame, à l'ordre que je viens de donner. Allez disposer Inez, et que je n'aye plus de refus à éprouver. (*il sort.*)

LA COMTESSE.

J'y vais, Monsieur le Comte. Hélas ! elle a besoin de consolation. (*elle sort.*)

SUZANNE, *accompagnant la Comtesse*.

(*bas.*) Prévenez-la sur l'arrivée du jeune Figaro.

FIGARO, *à la Comtesse*.

Madame, m'honorera-t-elle de sa protection ?

SUZANNE, *en s'en allant*.

Oui, mon mari, nous vous protégerons. (*bas à la Comtesse.*) Je reviendrai parler à Chérubin.

SCÈNE VI.

Le jeune FIGARO, FIGARO.

Le jeune FIGARO.

C'est votre femme que je viens de voir ?

FIGARO.

Il le faut bien, je l'ai épousée.

Le jeune FIGARO.

Elle est jolie.

FIGARO.

Je n'en sais plus rien.

Le jeune FIGARO.

Vous n'avez pas toujours été de cette indifférence ?

FIGARO.

Voilà le mal.

COMÉDIE.

Le jeune FIGARO.
Monseigneur paroît bien fâché contre vous.

FIGARO.
Il a tort.

Le jeune FIGARO.
J'avois bien envie de vous connoître.

FIGARO.
Voilà la connoissance faite.

Le jeune FIGARO.
Seroit-il par hasard question d'un mariage ? on demande un notaire.

FIGARO.
Mariage ou testament, je ne sais le quel.

Le jeune FIGARO.
Mais c'est bien différent.

FIGARO.
Oh! oui, l'on fait l'un pour la paix de son ame, et l'on se damne avec l'autre.

Le jeune FIGARO.
Si Suzanne vous écoutoit......

FIGARO.
Je le dirois plus haut.

Le jeune FIGARO.
Depuis quand avez vous......

FIGARO.
Oh! questionneur impitoyable! vous perdez du temps, vous devriez être parti. Allez donc chercher le notaire.

Le jeune FIGARO.
J'irai : mais je voudrois que vous eussiez un peu de confiance en moi. Regardez moi bien, ai-je l'air d'un homme à qui on doit faire mistère de ce qui se passe dans la maison ? que vous dit ma physionomie ?

FIGARO.
Gageons qu'elle ment.

Le jeune FIGARO.
En quoi ?

FIGARO.
Vous avez l'air d'un honnête homme.

Le jeune FIGARO.
La vôtre est plus franche.

FIGARO.
Qu'entends-tu par là, mon cadet ?

Le jeune FIGARO.
Que Monsieur le Comte a donné une manière d'ordre à Madame, qu'il a dit d'aller y disposer Inez : cette demoiselle est sa fille, je crois l'avoir oui dire : qu'il est question d'un mariage avec je ne sais qui, qu'on vous envoyoit chercher le notaire ; que vous avez refusé, que vous ne paroissiez pas d'avis que ce mariage ait lieu, et

d'après tout cela que c'est vous qui conduisez cette intrigue et mariez la demoiselle de la maison.

FIGARO.

A ce compte, ma phisionomie si franche, vous dit que je suis....

Le jeune FIGARO.

Un fripon.

FIGARO.

(à part.) Diantre! ménageons ce drôle là. (haut.) Ce mot de fripon n'est qu'une plaisanterie, je vois cela; mais dis moi mon ami : quel intérêt as-tu de savoir ce qui se passe et ce que je sais.

Le jeune FIGARO.

Un très-grand intérêt.

FIGARO.

D'abord.

Le jeune FIGARO.

D'abord le plaisir de te contrarier, quelque soit ton intention.

FIGARO.

Tu es venu dans ce dessein?

Le jeune FIGARO.

Oui : tu vois que je suis franc.

FIGARO.

Ah! Ah! et si j'avois, moi, quelque intérêt à rompre ce projet de mariage.

Le jeune FIGARO.

J'irais chercher le notaire.

FIGARO.

(à part.) Il n'est pas si fin que je le croyois. (haut.) Et si tu avois deviné juste ; si j'étois le conseil secret de Monsieur, ou si, par tel ou tel moyen, je le conduisois au point de donner sa fille à Don Alvar.

Le jeune FIGARO.

C'est le prétendu?

FIGARO.

Oui.

Le jeune FIGARO.

J'irais chercher le notaire.

FIGARO, à part.

Il appelle cela me contrarier.

Le jeune FIGARO.

Et le mariage ne se feroit point.

FIGARO.

Tu parois bien sûr de ce que tu avances.

Le jeune FIGARO.

Aussi sûr que je l'étois en rendant justice à ta physionomie.

FIGARO, à part.

Allons, Figaro, voilà de quoi t'exercer.

Le

COMÉDIE.

Le jeune FIGARO, *à part.*

Je le déconcerte, et il intrigue.

FIGARO, *à part.*

Bon pied, bon œil, et des oreilles sur-tout.

Le jeune FIGARO, *à part.*

Son règne va finir.

FIGARO, *à part.*

C'est ici qu'il est bon d'écouter pour entendre.

SCÈNE VII.

Le jeune FIGARO, SUZANNE, FIGARO.

SUZANNE, *du fond.*

Figaro ?

FIGARO.

Lequel ?

SUZANNE.

Le plus aimable.

FIGARO.

Je connois les hommes, nous irons tous deux.

SUZANNE.

Le plus jeune.

FIGARO.

C'est différent, nous ne sommes pas femmes, nous convenons de notre âge. (*au jeune Figaro.*) C'est à toi qu'elle en veut.

SUZANNE, *au jeune Figaro.*

Madame vous demande. (*bas.*) Ne vous éloignez pas, je vais renvoyer celui-ci.

Le jeune FIGARO.

Je me rends à ses ordres.

FIGARO, *qui a surpris Suzanne parlant bas.*
(*à part.*) Un mot à l'oreille ! il reviendra.

SCÈNE VIII.

SUZANNE, FIGARO.

SUZANNE.

Hé bien, mon Figaro, que nous dirons nous ?

FIGARO.

Parle, je te répondrai.

SUZANNE.

Ce pauvre petit, tu m'aimes donc toujours ?

FIGARO.

Et même comme avant ce temps-là, je te parle bien sincèrement.

SUZANNE.

Mal-apris, tu flattes ta femme.

D

FIGARO.
Ce n'est pas mon intention.

SUZANNE.
Madame la Comtesse est satisfaite de toi.

FIGARO.
Elle n'est pas au bout.

SUZANNE.
Tu fera mieux encore ?

FIGARO.
Je l'espère.

SUZANNE.
C'est donc bien sincèrement que tu donnes ta voix contre ce mariage ?

FIGARO.
En doutes-tu mon cœur ?

SUZANNE.
Tu m'étonnes.

FIGARO.
D'où vient cela ?

SUZANNE.
Je suis si accoutumée à te croire.

FIGARO.
Ne t'ai-je pas, tantôt devant Madame, donné la preuve que tu demandois ?

SUZANNE.
Oui, mais.....

FIGARO.
Quoi ?

SUZANNE.
Ah ! fourbe !

FIGARO.
Ah ! douces paroles de ma femme, vous frappez donc encore mes oreilles.

SUZANNE.
Tiens, Figaro, je voudrois que tu nous eusses dit vrai....

FIGARO, *à part*.
S'il attend que je sois sorti pour revenir.....

SUZANNE.
D'honneur, je crois que je t'aimerais encore....

FIGARO, *à part*.
Je vais lui en laisser la liberté.

SUZANNE.
Cela ne te tente pas ?

FIGARO, *à part*.
Et à mon tour, je ne serai pas loin. S'ils disent un seul mot......

SUZANNE.
Réponds-moi donc ?

COMÉDIE.

FIGARO.

Nous aurons cette nuit le temps de parler.

SUZANNE.

Aurais-tu pris par hasard l'habitude de parler seul la nuit

FIGARO.

Comment, ma femme, vous ne comptez donc pas....

SUZANNE.

Non, mon époux.

FIGARO.

Mais, je compte moi....

SUZANNE, *en faisant la révérence*.

Sans votre hôte.

FIGARO, *lui rendant le salut*.

J'ai l'honneur d'être.... (*à part en sortant.*) prêt aux écoutes. (*il rentre dans le cabinet.*)

SCÈNE IX.

SUZANNE, *seule*.

LE charmant ménage que le nôtre ? Nous ne nous donnons pas le temps de nous disputer, (*regardant si Figaro est parti.*) Il est parti, bon ! (*allant à la porte du cabinet qui est du côté opposé.*) Entrez.

SCÈNE X.

Le jeune FIGARO, SUZANNE.

Le jeune FIGARO.

MON aimable Suzanne, tu vois un homme plein de crainte et d'espérance.

SUZANNE.

Comme vous nous avez surprises.

Le jeune FIGARO.

A peine ai-je reçu la lettre de ma belle maraine que j'ai conçu l'idée de me présenter ici sous ce déguisement. Le temps et les travaux ont assez changé mes traits pour que le comte ne me reconnoisse pas. C'est avec cette assurance que je suis parti pour voir tout par moi-même et croire les menées de Figaro. Jusqu'à présent tout me seconde. Le comte m'a reçu chez lui. Ma présence encouragera Inez et doublera votre fermeté.

SUZANNE.

Nous avons encore des soupçons sur les menées dont nous accusons Figaro. Mais le soupçonner, c'est déjà beaucoup.

Le jeune FIGARO.

Ne sois pas inquiète sur ses démarches : Je l'observerai si bien que rien de lui ne m'échapera : et tu dois penser que je fatiguerai tant sa tête qu'il sera forcé d'abandonner son projet : Si toutes fois il est vrai que ce soit lui qui persuade au comte de marier sa fille à Don Alvar.

SUZANNE.

Si toutes fois il est vrai ? Ah ! ne lui faisons pas trop l'honneur d'en douter. Connoissez-vous ce Don Alvar ?

Le jeune FIGARO.

Je connois le nom, mais lui particulièrement, je ne le connois pas.

SUZANNE.

Il ne doit paroître ici, dit-on, que pour la signature, le refus que madame la Comtesse a fait de le recevoir, devroit déjà le rebuter.

Le jeune FIGARO.

Ah ! je sens qu'il ne doit pas renoncer sans peine au bonheur d'épouser Inez.

SUZANNE.

Ah ! c'est de la dot qu'il est amoureux : soyez en sur. M. le Comte avoue lui-même qu'il n'est pas bien riche, mais cela ne l'arrête point.

SCÈNE XI.

Les précédents, FIGARO, *(qui entre sur la pointe du pied, et reste à la moitié du théâtre dans la position d'un homme qui écoute.*

Le jeune FIGARO.

CE projet sitôt conçu ne s'exécutera pas, j'ose presque t'en répondre, le Comte finira par se rendre aux prières de sa femme, aux larmes de sa fille : de mon côté, je ferai l'impossible pour que ton Figaro ne l'emporte pas sur nous.

SUZANNE.

Il est bien fin !

Le jeune FIGARO.

Je lui donnerai de la besogne.

(*Figaro sort précipitamment et sans bruit avec le geste d'un homme enchanté de ce qu'il a entendu.*)

SCÈNE XII.

Le jeune FIGARO, SUZANNE.

SUZANNE, *qui a aperçu Figaro au moment où il sortoit.*

NOUS sommes perdus, il étoit ici, il nous écoutoit.

Le jeune FIGARO.

Je crois que nous n'avons heureusement rien dit qui puisse me faire connoître.

COMÉDIE.

SUZANNE.

Il est capable de vous deviner.

Le jeune FIGARO.

Bonne leçon que celle-ci ; quand on a tout à craindre on ne doit rien risquer, plus de tête-à-tête.

SUZANNE.

Des demis-mots en passant, nous nous entendrons bien.

Le jeune FIGARO.

Je te réponds de moi.

SCÈNE XIII.

Les précédents, le COMTE, FIGARO. *Ils entrent doucement et se tiennent au fond. Figaro fait signe au comte de prêter l'oreille.*

SUZANNE, *regardant du coin de l'œil.*

(*bas.*) Il rentre mistérieusement avec M. le Comte.

Le jeune FIGARO.

(*bas.*) Ne fait semblant de rien ; sois tranquille et causons. (*haut.*) Mais explique-moi donc, Suzanne, pourquoi madame la Comtesse, sa fille et toi êtes si fort opposées à ce mariage ? il y a là dessous quelque chose que je ne conçois pas.

SUZANNE

Je te trouve en vérité fort plaisant de me faire tant de questions. Qu'il te suffise de savoir que Don Alvar nous déplaît, et que malgré ta bonne mine, tu nous déplais autant que lui, d'obéir sitôt à ton maître et sans nous consulter.

Le jeune FIGARO.

Sans vous consulter ; avec tout le respect que je dois à Madame la Comtesse, mon premier devoir est d'obéir aux ordres de son mari. Il veut que j'aille chercher le notaire, et j'irai. Malgré vos prières, vos menaces et tout ce que vous employerez pour m'en empêcher, M. le Comte est juste et sage ; il veut marier sa fille, et je suis payé pour croire qu'il a raison.

LE COMTE, *en s'avançant, à Figaro.*

Hé ! que viens-tu me chanter ? Monsieur le Comte, venez donc, ils sont là, tout doucement..... Je ne suis pas le seul qui s'oppose.... Et Suzanne, et le nouveau venu....

FIGARO, *à part.*

Et le diable qui emporte mon cadet !

LE COMTE, *u jeune Figaro.*

Tu es un honnête garçon, toi ; vas vite, comme tu l'as dit, vas chercher le notaire..... D. Alvar sera ici ce soir, il faut que tout finisse aujourd'hui.

Le jeune FIGARO.

Vous serez obéi, Monsieur le Comte ; je pars à l'instant,

(*à Figaro.*) Cela te contrarie, mon camarade, j'en suis fâché; mais tu as beau faire, tu ne réussiras plus à rien. (*Il sort, en saluant le Comte.*)

SUZANNE, *à Figaro, le caressant au menton.*
Bonjour, mon ami. (*elle sort.*)

LE COMTE, *en sortant, à Figaro.*
Cet imbécile! qui viens me.... Ah! tu me payeras celle-là?

SCÈNE XIV.

FIGARO, *seul, après un moment de silence.*

Quand je me pendrois, mes affaires n'en seroient pas plus avancées..... Il veut empêcher le mariage, et il va chercher le notaire; il est d'accord avec Suzanne, et il obéit au Comte!... Ah! Ah! mon génie, mon génie, j'ai grand besoin de toi.

Fin du deuxième Acte.

ACTE III.
SCÈNE PREMIÈRE.
SUZANNE, LA COMTESSE, INEZ.

LA COMTESSE.

Allons, ma fille, allons, reprends courage; tout ira bien; viens avec moi, viens te distraire : allons faire un tour.

INEZ.
De ce côté, Maman?

LA COMTESSE, *souriant.*
Oui, ma fille, de ce côté.

SUZANNE.
J'entends, c'est par-là que le notaire doit arriver.

INEZ.
Qui te parle du notaire?

SUZANNE.
Vous parlez d'un autre?

INEZ.
Maman, grondez-là donc : elle me plaisante sans cesse.

LA COMTESSE.
Gronde-là, toi, cette méchante Suzanne.

INEZ, *embrassant Suzanne.*
Hé bien! voilà pour t'apprendre qu'il n'est pas question du notaire.

LA COMTESSE.
Quand j'y songe, cependant, ce notaire qui va arriver, m'inquiète.

COMÉDIE.

INEZ.
C'étoit vous, Maman, qui me rassuriez tantôt, et voilà que vous allez me redonner mes craintes.

SUZANNE.
Quelle timidité! Ne vous a-t-il pas dit: Je vais chercher le notaire, mais soyez tranquille?

INEZ.
Eh oui, Maman, il m'a dit: Belle Inez, je vous répète ces paroles, ne craignez rien, quand le notaire sera ici, Chérubin y sera.

SUZANNE.
Ne prononcez pas ce nom-là; gageons qu'il ne s'est pas nommé en vous parlant?

INEZ.
Est-ce ma faute à moi si son nom m'échappe?

LA COMTESSE.
Mais, si tu allois indiscrettement le nommer, et que l'on t'entendît; tout seroit perdu, il faudroit épouser Don Alvar.

INEZ.
Oh! comme je vais m'observer; allons nous promener, Maman.

LA COMTESSE.
Viens, ma fille.

SUZANNE.
Si vous le rencontrez, souvenez-vous que vous ne le connoissez pas.

INEZ.
Quoi! pas un mot?

LA COMTESSE.
Non mon enfant.

SUZANNE.
Vous avez de grands yeux qui peuvent porter loin la parole; chargez les d'un *je vous aime*, bien prononcé; cela sera rendu en main-propre; et, sur-le-champ, il vous en revient autant.

INEZ.
Allons, puisque vous le voulez.... Mais nous parlerons tous trois en marchant.

SUZANNE.
Oui, on ne lui parle pas, mais on en parle, cela console.

INEZ.
Mais, tais-toi donc, ou je t'embrasse encore.

SUZANNE.
Je ne vous accompagnerai peut-être pas, moi, il faut que j'observe de mon côté: ou du moins, je reviendrai bien avant vous.

SCÈNE II.

SUZANNE, INEZ, LA COMTESSE, FIGARO.

FIGARO.

Madame est-elle sûre à présent de ma bonne foi ? vous m'avez entendu dire à Monseigneur que Don Alvar ne convenoit point à Mademoiselle.

LA COMTESSE.

Ta conduite en cette occasion te vaudra mon estime, si tu continues de même.

FIGARO.

Mademoiselle me craignoit aussi : vous l'avez rassurée.

INEZ.

Chacun vous rend justice à présent.

FIGARO.

Ma femme, même, je le parie ?

SUZANNE.

Oh ! je te l'ai toujours rendue.

FIGARO, à la Comtesse.

Je ne m'en tiendrai pas-là, Madame, et, d'après vos soupçons, j'ai trop d'intérêt à continuer comme j'ai commencé.

LA COMTESSE.

Ah ! oui, je te le recommande. Tâche que tous ces débats finissent bientôt.

FIGARO.

Laissez-moi faire, je réussirai. (à Suzanne.) Et tu m'aimeras ?

SUZANNE.

Ai-je cessé ?

INEZ.

Ne sortons-nous pas, Maman ?

LA COMTESSE, souriant.

Tu as besoin de prendre l'air ?

FIGARO.

(à part.) Elles ont le visage en feu. (haut.) Il faut toujours que quelque obstacle nous contrarie : ce nouveau venu.....

INEZ.

Le jeune Figaro !

FIGARO.

Oui, Mademoiselle, qui s'est d'abord offert pour faire la commission que j'ai eu le courage de refuser à Monsieur votre père, même.

LA COMTESSE.

Il ne pouvoit pas savoir si cela feroit de la peine à quelqu'un ici.

FIGARO.

Il a dû le voir au ton dont Monseigneur parloit. Cela n'a pas empêché ce beau mouvement de zèle..... dont vous l'auriez dispensé.

Il

COMÉDIE.

33

Il veut à nos dépens gagner les bonnes grâces de son maître. Il est parti pour chercher le notaire.

LA COMTESSE.

Je le sais, Figaro.

SUZANNE.

Je le sais, mon mari.

INEZ.

Je le sais aussi.

FIGARO.

Il sera bientôt de retour.

INEZ, à la Comtesse.

Si nous sortions, Maman, il fait bien beau aujourd'hui.

FIGARO.

Ils viendront ensemble probablement.

LA COMTESSE.

C'est possible.

FIGARO.

Cette arrivée m'inquiète.

SUZANNE, indifféremment.

Et moi aussi.

FIGARO.

Monsieur le Comte fera dresser le contrat.

LA COMTESSE.

Aujourd'hui ! croyez-vous ?

FIGARO.

Je le crois.

SUZANNE.

Tant pis.

FIGARO.

Je ferai tout ce je pourrai pour l'empêcher.

INEZ.

Je vous serai bien obligée, Monsieur Figaro.

FIGARO, à part.

Elles sont bien tranquilles..... Je m'y perds.

SCÈNE III.

SUZANNE, LA COMTESSE, INEZ, LE COMTE, FIGARO.

LE COMTE.

Ah ! vous voilà réunis ? vous consultiez Monsieur ? quel est le résultat de votre assemblée ?

LA COMTESSE.

Ce n'est pas de lui que nous prenons ordinairement les réponses que nous avons à faire.

LE COMTE.

Qu'elles soyent de lui, ou de vous, le contrat se signe aujourd'hui, je l'ai résolu.

E

LA COMTESSE.

Je sais, Monsieur le Comte, qu'il faut que tout cela finisse, et nous attendons le moment qui décidera de son sort. (*Montrant Inez.*)

LE COMTE.

Allons, Inez, un peu de complaisance pour ton père ; je ne veux pas que tu sois malheureuse, j'en serois désespéré, mais D. Alvar est un aimable et galant homme ; si tu connoissois toutes ses bonnes qualités. Tiens, Figaro te le dira.

FIGARO.

Moi, Monseigneur ? que dirois-je à Mademoiselle pour l'engager à vous obéir. Tout seroit suspect, après la manière dont j'ai parlé à ce sujet.

LE COMTE.

Crains-tu de me répondre, Inez ? Parles-moi, mon enfant, quand j'ai résolu ton mariage, je l'ai fait pour ton bonheur.

INEZ.

Mon Père......

LE COMTE.

Hé bien ?

LA COMTESSE.

Ne demandez point son aveu : vous savez bien qu'elle n'oseroit vous désobéir.

LE COMTE, *à la Comtesse.*

Il n'y a donc que vous......

LA COMTESSE.

Vous vous trompez : je ne compte pas lui dicter sa réponse.

LE COMTE, *à Suzanne.*

C'est donc toi que j'ai le plus à combattre ?

SUZANNE.

Vous me faites trop d'honneur, je n'ai plus d'avis à donner.

LE COMTE.

Tu dois prononcer seule, Inez. Et bien, je t'avertis que Don Alvar et le Notaire seront bientôt ici. M'embrasserais-tu à présent ?

INEZ, *embrassant le Comte.*

Toujours de bon cœur.

LE COMTE.

Nous avons donc fait la paix ? C'est bien, avant la fin du jour nous serons tous contens.

SUZANNE.

Il faut l'espérer.

LE COMTE.

Sortiez-vous ?

LA COMTESSE.

Oui, nous comptions aller là, tout auprès, nous promener.

LE COMTE.

Que je ne vous dérange pas. Vas, ma fille, vas.

COMÉDIE.
SCÈNE IV.
LE COMTE, FIGARO.

LE COMTE.

Comme elles sont radoucies ! Tu as donc perdu ton crédit auprès d'elles ?

FIGARO.

Madame n'a pas assez bonne opinion de moi pour me croire. Il n'y a que vous, Monseigneur, qui, dans toutes les occasions, m'ayez rendu justice ; et cependant, dans celle-ci, c'est vous qui me soupçonnez.

LE COMTE.

Qui ne le seroit pas à ma place ? Je te vois acharné contre Don Alvar ?

FIGARO.

Acharné ! c'est trop.... J'ai dit ce que je pensois : voilà tout. Cela pouvoit nuire à son mariage, mais ne lui faisoit pas d'autre tort.

LE COMTE.

C'est trop de celui-là. Je suis étonné, d'ailleurs, que tu oses me contredire ; je me vois plutôt obéi par le jeune Figaro, qui n'est que d'aujourd'hui à mon service, que par toi, qui depuis seize ans....

FIGARO.

Vous allez encore me croire mal-intentionné, mais je répète encore que je l'ai entendu projettant avec Suzanne de s'opposer à vos desseins. Je vous ai rencontré, et vous ai prié de les écouter. Ils m'avoient apperçu, sans doute, et quand nous sommes entrés ils ont monté leur conversation sur un autre ton ; voilà la vérité, la voilà toute pure.

LE COMTE.

Mais enfin, sais-je s'ils t'ont apperçu ? et suffit-il que tu le penses ? Saurois-je ce qu'ils disoient auparavant ? je sais bien plus positivement ce que j'ai entendu, et ce que j'ai entendu a démenti le rapport que tu venois de me faire.

FIGARO.

Hé bien, puisque vous le voulez, Monseigneur, le jeune Figaro est l'honnête homme, le serviteur zélé ; et je suis le frippon, le domestique peu fidèle.

LE COMTE.

Ecoute donc, les apparences......

FIGARO.

Qu'il est heureux, ce nouveau venu, d'obtenir en deux heures ce qui m'est refusé, après un si long temps... Mais, patience, tout se découvrira, les plus fourbes seront reconnus, et c'est alors que vous me jugerez.

LE COMTE.

Il falloit faire ce que je t'ai ordonné.

FIGARO.

Celui qui vous obéit le plutôt, n'est pas celui dont vous devez le moins vous défier. Mais pour vous prouver, Monseigneur, que je ne m'obstine pas à vous déplaire, oubliez ce que j'ai dit de Don Alvar ; et tenez ferme, les refus que vous éprouvez me mettent de votre parti. Je veux croire, et je crois à présent, que vous faites bien d'ordonner ce mariage ; Je vous y servirai ; je m'y trouve intéressé.

LE COMTE.

Intéressé ? Pourquoi ?

FIGARO.

Pour vous désabuser sur mon compte.

LE COMTE.

A la bonne heure ; à cette condition, je te pardonne. (*Il sort et revient.*) Si Don Alvar et le notaire arrivent, viens m'avertir tout de suite, entends-tu ?

FIGARO.

Oui, Monseigneur.

SCÈNE V.

FIGARO, *seul.*

Je sais bien que je viendrai à bout de ce que j'entreprends, mais je ne pardonnerai de ma vie à ceux qui me font éprouver tant de difficultés. Ce cadet est quelque émissaire gagé. Mais de qui ? la Demoiselle est jeune.... à cet âge une intrigue.... cela ne se peut pas.... Elle est jeune, oui ; mais Suzanne est formée, elle a de l'acquit. Elle est en état de la conduire. Ho ! chère moitié, que tu mérites bien tout mon amour.

Ce jeune Figaro qui vient usurper mon nom et mes droits, qui s'ingère de ruser avec moi, qui me défie, m'attaque.... Il n'est pourtant pas sans mérite.

SCÈNE VI.

PEDRO, FIGARO.

PEDRO, *un manuscrit à la main.*

Seigneur Figaro, je ne sors de mon humble réduit que pour venir chez vous. Je ne quitte la plume que pour vous consulter ; je suis à mon dénouement, à ma dernière scène, et j'ai cru devoir faire venir le notaire.

FIGARO, *sortant de sa rêverie.*

Le notaire est arrivé ? Oh ! c'est vous. J'ai la tête bien autrement occupée. J'irai.... vous reviendrez.... demain... un autre jour... c'est que... adieu.

COMÉDIE.

PEDRO, *l'arrêtant.*

Un moment, s'il vous plait ne m'abandonnez pas. Que ferai-je du Notaire ?

FIGARO, *préoccupé.*

De quel notaire me parlez-vous ?

PEDRO.

Celui qui vient d'arriver.

FIGARO.

Vous l'avez vu ?

PEDRO.

Le Notaire ?

FIGARO.

Oui.

PEDRO.

Si je l'ai vu ? le notaire ! il est de mon invention, ou plutôt de la vôtre.

FIGARO.

Oh ! pardon, mes idées se croisent, s'embarassent ; mais je reviens à vous seigneur Pedro ; voyons, que desirez vous ?

PEDRO.

Je suis prêt à finir le plan dont vous m'avez donné le sujet. Mon notaire est là. Je viens savoir si rien n'éloigne le moment de la signature, si vous n'avez rien imaginé.

FIGARO.

Ah ! vous pouvez renvoyez ce notaire là. J'ai des incidents à vous fournir qui prendront place avant son arrivée.

PEDRO.

Ah, tant mieux.

FIGARO.

Le père a pris un nouveau domestique, un jeune égrillard, qui ne s'est présenté que pour donner de la tablature à l'autre, à celui qui marie la demoiselle.

PEDRO.

En effet, cela doit donner du mouvement ; c'est comme une lutte.

FIGARO.

Ce nouveau venu est d'accord avec la mère, la fille, la suivante ; il n'y a pas jusqu'au père qui ne s'y laisse prendre.

PEDRO.

Et l'autre fripon ? que fait-il ? que dit-il ?

FIGARO.

(*A part.*) Peste soit de l'apropos. (*haut.*) Il creuse sa cervelle, se dépite souvent et rêve aux moyens de réussir.

PEDRO.

Mais on le contrarie ?

FIGARO.

Vous y êtes.

PEDRO.

Cette idée me plaît.

FIGARO.

C'est fort heureux.

PEDRO.

En voilà au moins pour un acte de plus... A mon tour, seigneur Figaro, j'imagine une chose que vous ne désapprouverez peut-être pas. Si nous faisions de ce nouveau domestique un amant déguisé, et que....

FIGARO, *dans l'attitude d'un homme frappé de quelque chose imprévu, les deux bras étendus vers l'auteur avec transport.*

Ah! quel coup de lumière!

PEDRO, *surpris et presque effrayé.*

Hé bon dieu!

(*Un moment de silence, chacun dans une attitude différente.*

FIGARO, *avec chaleur.*

Et j'ai pu ne pas le deviner! ses propos, son audace, sa fermeté; tout ne me le disoit-il pas? Je devois lire dans ses yeux, je devois le reconnoître: Mais je les tiens, leurs projets sont renversés; c'est un jour de triomphe.

PEDRO.

Saisissons ce moment, (*il tire son écritoire, sa plume, et écrit sur son genou*):

FIGARO, *sans faire attention à Pedro.*

Que nulle crainte ne me retienne. Ce n'est plus le temps d'observer, d'examiner; il n'y a qu'un pas d'un tel soupçon à la certitude. Oh! précieuse découverte! Un amant déguisé!...Ah! vous faites des complots, femmes hardies! Vous vous flattez de réussir! Non, non, plus d'espoir pour vous. C'est moi seul qui gouverne.

PEDRO, *écrivant.*

Le bel enthousiasme!

FIGARO, *continuant.*

Belle ingénue! vous serez mariée, mais à mon gré, mais vous épouserez celui que je vous destine. Ah! vous vouliez me jouer! Cette tranquillité qui me surprenoit, ce visage riant, c'étoit l'ouvrage du nouveau venu.... Qui est-il? d'où vient-il?.... et que m'importe? il partira, voilà ce qui m'intéresse. Oui, il partira, j'en jure.... par la dot qui va m'enrichir.

PEDRO, *s'en allant.*

Elle est pourtant de moi cette scène là.

COMÉDIE.
SCÈNE VII.
FIGARO, SUZANNE.

FIGARO, *rencontrant Suzanne.*

Ah! te voilà?

SUZANNE.

Oui, je reviens.

FIGARO.

Tu as été bien du temps à cette promenade.

SUZANNE.

Je ne comptois pas aller bien loin, moi; j'ai affaire ici.

FIGARO.

Je le crois; en effet, il est inutile d'aller courir, de se fatiguer:
Tu as déjà bien de l'ouvrage, ma pauvre femme.

SUZANNE.

Mais assez.

FIGARO.

Nous travaillons avec plaisir quand nos services sont agréables.

SUZANNE.

Tu as raison.

FIGARO.

Madame la Comtesse et sa fille sont aisément satisfaites.

SUZANNE.

Elle ne sont pas trop exigeantes.

FIGARO.

Elles te donne cependant de l'occupation.

SUZANNE.

Il faut bien employer son temps.

FIGARO.

Et la besogne se renouvelle.

SUZANNE.

Que veux tu, mon enfant? il faut prendre son parti.

FIGARO.

C'est un trésor qu'une femme laborieuse.

SUZANNE.

Celle qui ne l'est pas s'ennuie.

FIGARO.

Je vais avoir un peu moins d'occupation, moi.

SUZANNE.

Comment cela?

FIGARO.

Elle sera partagée.

SUZANNE.

Ah! oui; le jeune Figaro.

FIGARO.

Il est de retour.

SUZANNE.

Je crois l'avoir aperçu. A-t-il amené le notaire?

FIGARO.

Je ne sais. En tous cas le notaire s'en retournera.

SUZANNE.

Tant mieux.

FIGARO.

Tu ne sais rien de nouveau?

SUZANNE.

Mon dieu! rien.

FIGARO.

Je sais, moi, quelque chose.

SUZANNE.

Tu me le diras?

FIGARO.

Tu en parlerois.

SUZANNE.

Pourquoi? si c'est une chose qu'on ne puisse pas dire à tout le monde.

FIGARO.

Il y a bien quelqu'un à qui je suis sûr que tu ne le diras pas.

SUZANNE.

A qui?

FIGARO.

A monsieur le Comte.

SUZANNE.

Dis moi donc ce secret.

FIGARO.

Oh! ce n'en sera peut-être pas un tout-à-l'heure.

SUZANNE.

Tu me fais languir.

FIGARO.

Je t'y prépare.

SUZANNE.

Parle donc, (*a part.*) Il commence à m'alarmer.

FIGARO.

Cet aimable nouveau venu....

SUZANNE.

Hé bien?

FIGARO.

Il a de la tournure, de la grâce; il se présente bien : On le prendroit pour un homme de qualité.

SUZANNE.

Miséricorde.

FIGARO.

(*En confidence.*) Je sais qui c'est : Je le connois.

SUZANNE

COMÉDIE.

SUZANNE, *commençant à ce trouble.*

Tu sais.... tu connois.... Que dis-tu?

FIGARO.

Je dis que ma Suzanne est fort aimable; que madame la Comtesse est bonne mère; et que mademoiselle Inez, qui n'a que quinze ans, doit être fort contente d'avoir son amant si près d'elle.

SUZANNE, *augmentant de trouble.*

Esprit méchant? tu inventes, et tu voudrois faire passer pour vérité....

FIGARO.

Le projet étoit bien conçu.... Va porter cette nouvelle à Monseigneur.

SUZANNE.

Non, je ne crois pas qu'il soit un homme....

FIGARO.

Non! hé bien, j'irai moi-même.

SUZANNE.

Ton affreux caractère.... un mensonge.... le plus noir....

FIGARO, *avec emportement.*

Veux-tu que je te nomme cet amant déguisé?

SUZANNE, *la tête perdue.*

Ah! grand dieu! grand dieu, (*elle sort.*)

SCÈNE VIII.

FIGARO, *seul.*

Hem! Ce trouble est une bonne preuve? puis-je encore douter?.... Allons, Figaro, tu es né pour entreprendre et pour réussir.... Les obstacles s'aplanissent d'eux-mêmes. Je n'ai qu'à marcher.

SCÈNE IX.

FIGARO, UN DOMESTIQUE.

LE DOMESTIQUE.

C'est vous que je cherche, monsieur Figaro.

FIGARO.

Je n'ai pas le temps.

LE DOMESTIQUE.

C'est une chose importante pour vous.

FIGARO.

Laissez moi tranquille.

LE DOMESTIQUE.

Écoutez moi.

FIGARO.

Quel acharnement?

F

LES DEUX FIGARO,

LE DOMESTIQUE.

Le jeune Figaro....

FIGARO, s'arrêtant.

Le jeune Figaro ! (à part.) Quelque nouvelle découverte.

LE DOMESTIQUE.

Il est arrivé : Je l'ai vu avec....

FIGARO.

Avec le notaire ?

LE DOMESTIQUE.

Non : avec votre femme.

FIGARO.

Quand cela ?

LE DOMESTIQUE.

Il n'y a qu'un moment.

FIGARO.

Elle sort d'avec moi.

LE DOMESTIQUE.

Elle sortoit d'avec lui quand vous l'avez vue.

FIGARO.

Ils étoient seuls ?

LE DOMESTIQUE.

Oui.

FIGARO.

As tu eu l'esprit d'écouter ?

LE DOMESTIQUE.

Je n'y manque jamais.

FIGARO.

Que disoient-ils ?

LE DOMESTIQUE.

Rien du tout. Oh ! pas un mot.

FIGARO.

Au diable l'imbécile.

LE DOMESTIQUE.

Mais il lui a pris la main.... Il l'a embrassée : mais, là, de bonne amitié.... Elle ne s'est pas défendue.

FIGARO.

Elle aime à obliger.

LE DOMESTIQUE.

Il a bien l'air d'en être amoureux.

FIGARO, à part.

Elle ne s'attendoit pas alors à ce qui vient de lui arriver.

LE DOMESTIQUE.

Je crois qu'elle en tient aussi.

FIGARO, à part.

Allons trouver monsieur le Comte.

LE DOMESTIQUE.

Cela vous est donc égal.

COMÉDIE.

FIGARO.
Hé ! laisse moi.
LE DOMESTIQUE.
A la bonne heure, (*en s'en allant.*) Si j'avois une femme, je ne serois pas comme ça, moi.

SCÈNE X.
FIGARO, *seul*.

Je ne dirois pas : je crois, je soupçonne, je crains. Mais, je sais, j'ai vu, j'ai entendu : hâtons nous : la perte d'une minute, seule ne se répareroit pas.

SCÈNE XI.
Le jeune FIGARO, LE COMTE, FIGARO.

LE COMTE, *au jeune Figaro*.
Non, mon ami, je ne veux pas que tu t'en ailles.
FIGARO.
Ah ! Monseigneur, vous venez à propos.
LE COMTE, *au jeune Figaro*.
C'est une étourderie de jeunesse, voilà tout.
FIGARO.
Il s'est introduit ici....
LE COMTE.
Je le sais.
FIGARO.
Sous un prétexte ; avec une recommandation surprise.
LE COMTE.
Calme toi.
FIGARO.
Pour séduire.....
LE COMTE.
Il faut lui pardonner !
FIGARO.
Lui pardonner !
LE COMTE.
Oui, oui : bannis toute inquiétude, sois tranquille.
FIGARO.
Mais, Monseigneur, c'est vous qui devez être....
LE COMTE.
Il m'a tout avoué. J'ai entendu Suzanne alarmée qui lui disoit. Nous sommes perdus ; vous êtes découvert. J'écoute : il parle de son amour, de son malheur. Je me montre. Il tombe à mes genoux, m'avoue qu'il est fou de ta femme, et en même temps veut s'éloigner pour t'ôter tout soupçon. La délicatesse de ce procédé

m'a fait plaisir. Je l'ai assuré que tu lui pardonnerois. En effet puisqu'il se repend de bonne-foi....

FIGARO.

Quoi! vous croyez.....

LE COMTE.

Regarde, regarde son air confus. Ce pauvre jeune homme.

FIGARO.

Je crois que l'enfer....

LE COMTE.

Encore jaloux, à ce point! c'est un enfantillage, cela ne te va plus.

FIGARO.

Mais écoutez-moi.

LE COMTE.

Allons veux tu l'accabler de reproches?

FIGARO.

Un mot, c'est pour....

LE COMTE.

Au reste ce n'est pas une intrigue; ta femme n'étoit pas prévenue de son arrivée.

FIGARO, *tapant du pied.*

Oh! ma tête! ma tête!

LE COMTE.

Ta tête? ta tête.... ne crains rien. Il ne sera plus question d'amour, il m'en a donné sa parole d'honneur.

FIGARO.

Je vous dis, Monsieur le Comte....

LE COMTE.

Si j'avois la moindre idée que cela continuât je le chasserois tout de suite, tu peux t'en fier à moi.

FIGARO.

J'enrage.

LE COMTE, *au jeune Figaro.*

Allons, puisqu'il sait tout, tu lui dois au moins tes excuses.

FIGARO.

Ho! je suis....

Le jeune FIGARO.

Daignez me pardonner, Suzanne est bien jolie: Je n'ai pu jusqu'à ce moment surmonter cette passion criminelle.... Mais j'ouvre les yeux sur ma faute, et je vous jure, mon ami, mon bon ami, que désormais vous n'aurez rien à me reprocher, je suis moins coupable, hélas! que malheureux.

LE COMTE, *à Figaro.*

Résiste à cela, si tu le peux. Je l'ai assuré que tu lui pardonnerois, et je ne compte pas m'être trompé.

FIGARO, *appuyant avec colère sur chaque mot.*

Ce n'est pas de ma femme que.....

COMÉDIE. 45

LE COMTE.

C'est de lui que tu as le plus à te plaindre; je le sais : tu parles comme un bon mari qui rend justice à sa femme : c'est bien, mais pour faire mieux encore, puisqu'il est si pénétré de sa faute, touché dans sa main, et soyez bons amis.

FIGARO.

Ah! il est fort, celui-là.

LE COMTE.

Je le demande : il ne l'obtient pas ? je te l'ordonne.

FIGARO.

Quoi ! je.....

LE COMTE, *d'un ton menaçant.*

Si tu balances....

FIGARO, *prennant sur lui et tendant la main.*

Bon jour, mon ami, et vive la joie.

Le jeune FIGARO.

Oh! que de générosité! et de votre part, Monseigneur, que de complaisance.

LE COMTE.

Voilà qui est bien. (*au jeune Figaro.*) Va, mon garçon, mais que.....

Le jeune FIGARO, *à part.*

Vous n'avez plus besoin de me le recommander. (*à Figaro.*) Adieu Figaro.

LE COMTE, *le rappelant.*

A propos, et ce notaire, arrive-t-il enfin ?

Le jeune FIGARO.

Il sera ici dans une heure au plus tard.

LE COMTE.

Bien, (*à Figaro sortant.*) A ton âge! marié depuis un siècle! fi! tu n'as pas le sens commun.

SCÈNE XII.

FIGARO, *seul.*

(*Il chante.*) Il faut que je chante : c'est le meilleur parti que je puisse prendre...... Ce Comte Almaviva est le complice de tous ceux qui le trompent. Voulez-vous le jouer ? il vous sert sur les deux tois. (*après un moment de réflexion.*) Un moment, entendons nous. Il seroit bien possible que ce fut vraiment à ma femme que ce drôle-là veut en conter. C'est que dans ce cas..... Le mariage de Don Alvar se feroit avec moins de peine, oui ; et pour ma part je serois..... (*il porte la main à son front.*) S'il est amoureux de la demoiselle, point de dot à partager. S'il est amoureux de ma femme..... danger d'une autre espèce. Voyons : d'un côté, l'honneur ; de l'autre, l'argent. Il faut faire un choix..... Bah! j'aime mieux..... Je ne veux pas dire ma façon de penser, mais elle est assez à la mode.... (*revenant.*) Je suis quinze mille fois plus bête que je l'aurois cru, d'être prêt à ajouter foi..... Je ne me reconnois pas. Cherchons l'occasion de convaincre Monseigneur de cette jolie intrigue, et sachons profiter du premier mouvement de sa colère. (*il sort.*)

Fin du troisième Acte.

ACTE IV.
SCÈNE PREMIÈRE.

LE COMTE, *seul.*

Il est six heures : Don Alvar est de retour, mais le notaire n'est pas encore ici. J'ai le temps de visiter mes ouvriers, de donner un coup d'œil à mon jardin. Ces femmes ont été se promener au moment où il faisoit bien chaud ; la fraîcheur du soir invite à sortir, elles se renferment ; il faut pourtant que je leur montre les nouvelles dimensions de mon parc.

SCÈNE II.
SUZANNE, LE COMTE.

LE COMTE, *à Suzanne qui entre.*

Suzanne, la Comtesse est-elle bien fatiguée de sa promenade ?
SUZANNE.
Non, elle y a été si peu de temps.
LE COMTE.
Mais aussi quel moment avoit-elle choisi ?
SUZANNE.
Fantaisie.
LE COMTE.
Est-ce qu'elle ne compte pas sortir de la soirée ?
SUZANNE.
Quand le notaire sera arrivé, si vous voulez, elles iront prendre le frais.
LE COMTE.
Avant qu'il arrive, ou après le contrat signé, à la bonne heure. Tu ne sortiras pas, toi ; n'est-ce pas ?
SUZANNE.
Pourquoi me demandez-vous cela ?
LE COMTE, *badinant.*
Pour rien... C'est que si je sors, je n'aurai pas besoin d'emmener avec moi le jeune Figaro.

COMÉDIE.

SUZANNE.

Vous me plaisantez Monseigneur.

LE COMTE.

Suzanne! Suzanne! il est bien tourné.

SUZANNE.

Je ne l'ai pas trop remarqué.

LE COMTE.

Non pas trop; je veux le croire. Mais assez

SUZANNE.

Vous me soupçonnez donc.....

LE COMTE.

Te soupçonner; oh! non ce n'est pas du tout cela.

SUZANNE.

Vous êtes donc bien sûr que je fais un peu d'attention à ce jeune homme!

LE COMTE.

Un peu? voila comme tu ne veux jamais entendre que la moitié de ce que je te dis.

SUZANNE.

Madame a meilleure opinion de moi.

LE COMTE.

Mais l'opinion que j'ai de toi est fort bonne. Ce jeune Figaro en vaut bien la peine...... d'ailleurs c'est toujours un Figaro; c'est presque ne pas être infidelle.

SUZANNE.

Presque! mais Monseigneur....

LE COMTE.

C'est une nouvelle connoissance.

SUZANNE.

Non, il y a fort long-temps que je le connois: Je n'étois pas encore mariée.

LE COMTE.

Tu le connoissois avant son mariage? Oh! ce pauvre Figaro.

SUZANNE.

Le quel plaignez vous?

LE COMTE.

Celui dont nous ne parlons pas.

SUZANNE.

He bien! parlons en, monsieur le Comte, cela changera la conversation.

LE COMTE.

Elle en sera moins gaye : parler de son mari est assez triste, mais parler de son amant....

SUZANNE.

Ah! vous allez trop loin. Où en serois-je si Figaro, mon mari, avoit la même idée que vous?

LE COMTE.

Ce n'est pas moi qui la lui donnerai : au contraire : et si sa grande colère contre ce jeune homme, s'étendoit jusqu'à toi; je m'offre à répondre de ta fidélité. T'a-t-il parlé à ce sujet?

SUZANNE.

Comme un mari prêt à me croire des torts que je n'ai pas; mais n'assurant pas, comme vous....

LE COMTE.

N'importe, un seul soupçon de sa part tireroit plus à conséquence, seroit plus fâcheux que la certitude que je puis avoir.

SUZANNE.

Quoi! toujours...

LE COMTE.

J'étois là, tu le sais..... Nous sommes perdus !.... Vous êtes découvert, qu'est-ce que cela signifioit? tu baisses les yeux; tu souris, ce souris est de meilleure foi que toi: mais vas, je n'en parlerai pas. Je ferai plus; je veux dissiper totalement l'inquiétude de ton mari; je vais appeler Figaro. Tu vas entendre.

SCÈNE III.

Le COMTE, SUZANNE, LES DEUX FIGARO, *paraissant chacun de différent côté.*

Les deux FIGARO.

Monseigneur.

LE COMTE.

Ah! vous voilà tous les deux, (*à Figaro.*) Ce n'est qu'à toi que je voulois parler. (*au jeune Figaro.*) Mais approche puisque te voilà, tu n'est pas de trop, (*à Figaro.*) Je pense bien que tu as déjà fait tes réflexions, et que ta colère est vraiment passée: mais songe que je ne veux pas que tu fasses mauvais ménage avec ta femme, qui dans le fond ne peut pas répondre de la folie d'un jeune étourdi. Elle t'aime toujours et n'est pas capable de te tromper, entend-tu?

FIGARO.

J'entends fort bien, monsieur le Comte; mais vous ne voulez pas m'entendre.

SUZANNE, *à Figaro.*

Est-ce qu'il te reste quelqu'idée défavorable sur mon compte?

Le jeune FIGARO, *à Figaro.*

Est-ce que vous ne croyez pas à la parole d'honneur que j'ai donnée?

FIGARO.

Laissez moi tranquille, l'un et l'autre, aimez-vous si vous le voulez. Je ne risque rien de vous le permettre.

LE COMTE.

Aimez-vous si vous le voulez! c'est trop. Je ne le permets pas moi: mais je suis de ton avis quand tu dis que tu ne risques rien.

SUZANNE

COMÉDIE.

SUZANNE.

Ah! rien, mon Figaro.

Le jeune FIGARO.

Ah! rien du tout. Je ne lèvrois seulement pas les yeux sur Madame.

FIGARO.

Ils se moquent de moi tout à leur aise, j'aurai mon tour.

LE COMTE.

Suzanne, va chez la Comtesse, et dis lui que si elle n'est pas trop fatiguée, elle vienne me rejoindre à l'entrée du parc, avec ma fille; (*au jeune Figaro*) et vous le passionné repentant, allez dans ma chambre prendre mon chapeau et ma canne toisée. (*ils hésitent tous les deux*,) Hé bien, ni l'un ni l'autre ne partent?

Le jeune FIGARO, *à Suzanne.*

Allez avertir madame la Comtesse, j'irai après dans le chambre de Monseigneur.

SUZANNE, *au jeune Figaro.*

Allez chercher la canne et le chapeau, j'irai tout à l'heure avertir Madame.

LE COMTE.

Que signifie cette cérémonie la? Partez donc tous les deux.

Le jeune FIGARO.

Mais Monsieur le Comte.....

SUZANNE.

Mais Monseigneur.....

Le jeune FIGARO, *montrant la porte du fond.*

C'est par la qu'il faut passer pour aller chez vous.

SUZANNE, *montrant la même porte.*

C'est par la qu'il faut passer pour aller chez Madame.

LE COMTE.

Hé bien?

Le jeune FIGARO, *montrant Figaro.*

Si nous sortons ensemble, la jalousie va lui faire croire encore...

FIGARO, *à part.*

Ah?.... Ils ne tarissent point.

SUZANNE, *à Figaro.*

Viens avec moi, Figaro, accompagne moi: tu seras bien plus sur.

FIGARO.

Eh! va t'en —

LE COMTE.

C'est pousser loin le scrupule... vous me faite rire. Je veux que vous sortiez ensemble. Nous vous vairons vous séparer. Ma chambre est à droite; celle de ma femme à gauche; partez.

(*Suzanne et le jeune Figaro sortent à côté l'un de l'autre, mais à quelque distance, et détournent la tête d'une manière affectée.*)

LE COMTE, *riant.*

Ah! ah! ah!

FIGARO, *à part.*

On le joue, et il trouve cela plaisant.

LES DEUX FIGARO,

SCÈNE IV.

LE COMTE, FIGARO.

LE COMTE

Tu ne ris pas toi?

FIGARO.

J'aurois de la peine à en attraper l'envie..

LE COMTE.

Tes idées te poursuivent donc partout; toujours ombrageux?

FIGARO.

Et vous pas assez, Monseigneur, puisqu'enfin je trouve un moment pour vous le dire.

LE COMTE.

Que veux tu donc me faire croire?

FIGARO.

Vous pensez de bonne-foi que ce jeune galant est ici pour ma femme.

LE COMTE.

Prends garde, Figaro, tu hasardes.....

FIGARO.

Non, Monseigneur, je ne hasarde rien : je suis bien convaincu de la vérité de ce que je dois vous dire.

LE COMTE.

Explique toi donc; car tu m'impatientes.

FIGARO.

Hé bien : je sais tout ce qui se passe : Ce jeune homme est ici pour votre fille.

LE COMTE.

Quoi! tu....

FIGARO.

Ecoutez moi sans colère. Je l'ai deviné. C'est ce que le trouble de Suzanne m'a confirmé; et la preuve en est bien dans ce que vous avez entendu vous-même.

LE COMTE.

Cela n'est pas possible, et je devrois te punir de tes soupçons.

FIGARO.

Vous me punirez, mais vous ne serez éclairé de rien; et si vous voulez me croire, vous découvrirez tout.

LE COMTE, *réfléchissant.*

« Nous sommes perdus; vous êtes découvert ».

FIGARO.

S'il étoit question de ma femme, nous sommes perdus ! est bien ce qu'elle avoit à dire ; mais vous êtes découvert, ne s'adressoit pas à son égal.

LE COMTE.

Que faut-il que je fasse dans cette circonstance?

COMÉDIE.

FIGARO.

Tenez : Il me vient une idée excellente : vous allez sortir : Madame et Mademoiselle vont vous trouver, je vais m'en aller aussi. Suzanne et ce jeune Figaro seront bien sûrs d'être seuls : ils parleront sans crainte ; cependant, vous, Monseigneur, vous serez dans ce cabinet d'où vous pourrez entendre ce qui se dira.

LE COMTE.

Eh bien ! je rentrerai : je serai là quand ils me croiront occupé ailleurs ; mais si rien ne me concerne, prends garde à toi.

FIGARO.

Je me soumets à tout : je suis sûr de ce que j'avance. Le voici, (*bas.*) Prenez la canne et le chapeau et qu'il vous voye sortir.

SCÈNE V.

Le jeune FIGARO, FIGARO, LE COMTE.

Le jeune FIGARO, *donnant la canne et le chapeau.*

VOILA Monseigneur, ce que vous avez demandé.

LE COMTE.

C'est bon : je vais attendre la Comtesse et ma fille.

FIGARO, *au Comte.*

Vous n'avez rien à m'ordonner pour le moment ?

LE COMTE.

Non.

FIGARO.

Si je n'ai rien à faire ici, me permettez vous de sortir ? J'irai chez cet auteur.

LE COMTE.

Tes nouveaux protégés, dont tu m'as parlé ? Vas, mais ne sois pas long-temps absent.

FIGARO.

Pas plus de temps qu'il m'en faudra. (*le Comte sort.*)

SCÈNE VI.

Le jeune FIGARO, FIGARO.

Le jeune FIGARO, *à part.*

SUZANNE s'étoit peut-être trop tôt allarmée. Voyons s'il me connoît réellement.

FIGARO, *à part.*

Tâchons de le démasquer.

Le jeune FIGARO.

Hé bien, Figaro, que dis-tu de Monsieur le Comte qui m'a cru amoureux de ta femme ?

FIGARO.

Est-ce que tu ne l'es pas ?

Le jeune FIGARO.

Non, en vérité, c'est une ruse que le moment m'a fournie pour me tirer d'embarras.

FIGARO, à part.

C'est à moi qu'il l'avoue : Ah..... ce mortel-là fatigue mon esprit!

Le jeune FIGARO.

Il est digne de toi, ce détour ; avoue que ton nom me va bien.

FIGARO.

Mais sommes-nous assez bons amis pour me faire cette confidence?

Le jeune FIGARO.

Bons amis? pas du-tout. Je te dis la vérité tout simplement pour que tu sois mieux ma dupe.

FIGARO.

Et quel est ton but?

Le jeune FIGARO.

Je te l'ai dit : d'empêcher le mariage de Don Alvar.

FIGARO.

C'est donc pour la demoiselle que tu t'es introduit céans?

Le jeune FIGARO.

Peut-être.

FIGARO, à part.

Ah! Monsieur le Comte, que n'êtes-vous déjà dans le Cabinet! (au jeune Figaro, avec l'air de le connoître, ôtant son chapeau). Et pourquoi n'avez-vous pas eu plus de confiance en moi? croyez-vous que j'eusse voulu vous nuire? Vous vous montrez en simple domestique, et vous m'ôtez le mérite d'avoir pour vous des égards qui vous sont dûs ; mais puisque vous avez pu vous tirer du danger que le trouble de Suzanne vous a fait courir, je suis encore à temps de vous rendre service, si vous m'assurez une récompense proportionnée au succès, je vous aiderai dans vos amours ; la condition que j'y mets doit vous répondre de ma sincérité.

Le jeune FIGARO.

Puisque tu veux me servir, je m'abandonne à toi. Commence d'abord par remettre ton chapeau ; l'habit que je porte te rend mon égal. Apprends... mais ne me trahis point.... que tu n'es... qu'une pauvre pécore, qui n'en saura pas davantage.

FIGARO.

Maître ou laquais, homme ou démon que l'enfer a député vers nous, puisses-tu.....

Le jeune FIGARO.

Tu jures! des imprécations! Eh, parlons tranquillement. J'ai sur toi bien de l'avantage : tu ignores qui je suis, et je te connois.

FIGARO.

D'aujourd'hui?

COMÉDIE.

Le jeune FIGARO.

De long-temps. En veux-tu la preuve ? Tu n'as d'existence que par les bienfaits d'un Seigneur qui t'as accueilli ; et pour toute reconnoissance, tu te moques de ton bienfaiteur, tu l'as toujours trompé ; tu lui as joué des tours perfides : Tu as été bien amoureux de la femme, et bien jaloux de ton maître ; tu n'as connu tes parens qu'à l'époque de ton mariage ; tu n'as pas long-temps pleuré leur mort : Sans toi Monsieur le Comte eût moins négligé sa femme et ne s'en fut pas séparé.

FIGARO.

Doucement, doucement, ce portrait n'est pas assez ressemblant pour que tu prennes la peine de l'achever.... Mais qui diable es-tu ?

Le jeune FIGARO.

Je suis le jeune Figaro, au service de Monseigneur le Comte Almaviva, demeurant au château d'Agnos-Frescas, à trois lieues de Séville. Voilà mon nom, mes qualités, et mon adresse.

FIGARO.

Tu ferois fort bien de prendre un autre nom, et de loger ailleurs.

Le jeune FIGARO.

Non pas, je veux être près de toi. Si je n'acquiers pas la réputation du premier Figaro, je veux au moins en être l'ombre.

FIGARO.

Jolie société que j'aurai là ! Mais dis moi, comment tu sais l'histoire de mon mariage, de mes parens, de tout ce qui me concerne ?

Le jeune FIGARO.

N'as-tu pas toi-même longuement conté ton histoire à qui a voulu l'entendre.

FIGARO.

Excès de confiance.

Le jeune FIGARO.

Dis plus-tôt d'amour-propre.

FIGARO.

Je gagnois donc à me faire connoître ?

Le jeune FIGARO.

Non ; mais en affectant une philosophique joie, tu as prétendu faire croire aux bonnes gens que tu étois supérieur aux autres hommes.

FIGARO.

Je l'ai prouvé.

Le jeune FIGARO.

Quand tu n'as eu qu'un Bazile à combattre.

FIGARO.

Tout autre que Bazile l'eût emporté sur moi ?

Le jeune FIGARO.

Je te le prouve : tu ne te défends pas ; tu as jusqu'à présent voulu passer pour un homme d'esprit, et tu n'as jamais eu qu'un babil entortillé et vuidé de sens.

FIGARO.

Vuide de sens ! Quand j'ai déclamé hautement contre les sots dont ce bas monde fourmille......

Le jeune FIGARO.

Qui te l'a dit ?

FIGARO.

Comment ! qui me l'a dit !

Le jeune FIGARO.

Oui ; peux-tu t'en rapporter à toi pour avancer ton jugement ? L'honnête homme, au cœur droit, à l'esprit juste, voit les torts, les défauts, les vices d'un autre homme, mais attend le cri public pour oser prononcer ; il sait que l'erreur, la prévention sont inséparables de la foible humanité ; il se méfie de lui-même et ne donne jamais le signal de la proscription.

FIGARO.

Un homme, quelque soient son état et son rang, n'a donc pas le droit de dire qu'il est choqué des vices accrédités ? et si l'abus du pouvoir fait commettre des injustices, si des lois mal interprétées font perdre de justes causes, si de petits moyens font parvenir aux grands emplois ; si la probité rigide est un motif d'exclusion ; si les arts agréables l'emportent sur les talents utiles ; si nos grands esprits n'enfantent que de petites productions ; si nos comédies, le jeu de nos acteurs ne sont plus que d'une bigarure ; si avec vingt vers on fait un opéra ; si avec trois mots on fait une ariette ; il faut crier au miracle sur tout cela, ou garder un silence stupide ?

Le jeune FIGARO.

Où sont tes titres pour que la société doive te décerner le droit de parler en son nom, et d'en être le vengeur ?

FIGARO.

Mes titres !.....mes titres......Tu t'introduis dans ce château pour séduire la fille de Monseigneur au nom, et pour le compte de je ne sais qui, et j'ai tort d'en être justement indigné, et de le témoigner tout haut ?

Le jeune FIGARO.

Ah ! ah ! je suis de ceux que tu reprouves d'encenser dans ton cœur, et voici pourquoi tes projets ne sont pas d'accord avec les miens ; quel est ce D. Alvar à qui tu veux qu'elle s'unisse ? et si tu l'emportes, l'auras-tu tenté par attachement pour ton maître, ou par intérêt pour toi ? Je l'ignore, mais j'affirmerais que tes vues sont criminelles : les miennes ne le sont pas.

FIGARO.

Laissons cela, et faisons nous loyalement la guerre. Je t'avertis que la journée n'est pas finie, et que tu pourrois ce soir être obligé de chercher un gîte ailleurs.

COMÉDIE. 55

Le jeune FIGARO.

Oui : je pourrai te dire adieu. Mais c'est toi qui partiras.

FIGARO.

Si par hasard tu étois député par celui-là même qui t'a adressé à Monseigneur, ton congé n'en seroit que plus sûr. Crois moi : va t'en avant qu'on te chasse, on pourroit le faire un peu brutalement.

Le jeune FIGARO, *lui frappant sur l'épaule.*

Figaro je te conseille de ne pas te charger de cette commission.

(*Il sort.*)

SCÈNE VII.

FIGARO, *seul.*

L'IDÉE qui m'est venue pourroit bien se trouver juste. Tant de détails sur mon compte..... cet accord entre lui et nos dames... Cette recommandation, cette lettre....tout cela me paroît suspect. Chérubin, depuis plus de douze ans n'a paru chez nous, mais il peut avoir visité sa maraine, s'être pris de belle passion pour sa fille, et toutes les deux rapellées ici, nous envoie son valet pour nous intriguer et lui rendre un compte fidele de ce qui se passe. Cela me paroit vraisemblable.... valet de Chérubin.... valet d'un autre, peut-être....l'amant lui-même déguisé....amant de Mademoiselle.. ou amoureux de ma femme.... quoi qu'il en dise.... Je ne sais plus à qu'elle idée m'arrêter, mon esprit s'embarasse, ne saisie rien, je crois voir ; tout m'échappe : des soupçons, point de certitude, une preuve arrive au moment ou je doute. La preuve du contraire m'arrête au bout de tout cela, que sais-je ? quai-je deviné ? quai-je découvert ?.... Monsieur le Comte ne revient point ! ce seroit pourtant le moment. Personne ici qui l'empêche de se placer dans le cabinet....Ce diable de notaire m'inpatiente avec sa lenteur.... Torribio promène ses espérances dans les allées solitaire du parc... Si ce jeune Figaro pouvoit se trahir ! C'est ici qu'ils s'entretiendront, se croyant seuls : C'est d'ici qu'ils sont, plus à portée de voir de loin venir ceux qui pourroient les surprendre. Mais ce cabinet qui est là... Arrivez donc monsieur le Comte, vous me faites mourir.

SCÈNE VIII.

FIGARO, LE COMTE.

LE COMTE.

ME voilà, personne ne m'a vu rentrer.

FIGARO.

J'attendois avec impatience.

LE COMTE.

Ce que je vais faire est bien inutile : plus j'y pense....

FIGARO.
Nous pensons bien différemment. Entrez, par grâce.
LE COMTE.
Si tes soupçons...
FIGARO.
Vous me direz tout cela quand vous serez bien sûr que j'ai tort.
LE COMTE, *va et revient*.
Prends garde à toi.
FIGARO.
Au cabinet.
LE COMTE.
Je ne te pardonnerai de ma vie.
FIGARO.
Au cabinet.
LE COMTE.
Croire aussi légèrement !
FIGARO.
Au cabinet.
LE COMTE.
Nous verrons par quel moyen......
FIGARO.
Au cabinet : j'entends du bruit.
(*Le Comte entre précipitamment, Figaro referme la porte et dit en se retournant au moment où Suzanne entre.*) Il étoit temps.

SCÈNE IX.
SUZANNE, FIGARO.

SUZANNE.

Est ce que tu m'attendois ? je n'ai pas pu quitter Madame plutôt, je ne te savais pas ici.

FIGARO.
Hé ! mais ne seroit-il pas nécessaire que je ne te perdisse pas trop de vue ?

SUZANNE.
En vérité, la, de bonne-foi ; tu te sens un peu de jalousie ?

FIGARO.
Veux tu que je te donne le bras ? nous irons ensemble joindre monsieur le Comte.

SUZANNE.
Non, Madame ne veut pas sortir, et je reste.

FIGARO.
Décidément ?

SUZANNE.
Oui.

FIGARO.
Et monsieur le Comte qui les attend ?

SUZANNE

COMÉDIE.

SUZANNE.

Pour vous toiser des allées, combler des fosés, tracer les détours du jardin à l'anglaise. Tout cela ne sera pas fini aujourd'hui. Nous irons demain.

FIGARO.

Je le dirai donc à Monseigneur, il faut que j'aille plus loin, moi, mais c'est mon chemin, adieu, ma femme.

SUZANNE.

Adieu, Figaro.

SCÈNE X.

SUZANNE, seule.

Nous voilà libres. Nous pourrons jaser à notre aise, sans crainte d'être entendus. Un Figaro de moins, et celui qui étoit bon d'écarter; un Figaro qui reste, et c'est le plus gentil.

SCÈNE XI.

INEZ, LA COMTESSE, SUZANNE.

SUZANNE.

C'est bien, vous sortez de votre chambre au bon moment. M. le Comte visite son parc; s'éloigne du Château; D. Alvar n'osera se montrer nous sachant seuls ici. Oh! chère liberté! premier des biens! nous en jouissons si peu! Enfin nous voilà tranquilles, nous pouvons parler hardiment.

LA COMTESSE.

Je crains que mon mari ne nous soupçonne d'avoir quelque raison pour ne pas aller le joindre.

SUZANNE.

Bon! Figaro l'avertit que vous n'irez point! que vous renvoyez cette partie à demain. Que pourroit-il conjecturer de ce refus?

LA COMTESSE.

Que sais-je?

INEZ.

Et... lui... est-il sorti aussi?

SUZANNE.

Qui! lui?

INEZ.

Tu ne m'entends pas?

SUZANNE.

Oh! oui je sais ce que vous voulez dire.

INEZ.

He! bien?

SUZANNE.

Il est par là qui rode et cherche le seigneur D. Alvar votre prétendu.

LA COMTESSE.

Son prétendu!

INEZ.

Pourquoi le cherche-t-il?

SUZANNE.

Simplement par curiosité.

INEZ.

Je crains.....

SUZANNE, *montrant le jeune Figaro qui entre.*

Rassurez-vous.

SCÈNE XII.

INEZ, LA COMTESSE, SUZANNE, LE JEUNE FIGARO.

Le jeune FIGARO.

JE viens de voir ce Seigneur-là! je n'ai cherché qu'à l'interrompre dans ses douces rêveries; et il ne m'a pas apperçu. Je ne me suis hazardé de rentrer que parce que Monsieur le Comte est absent, et que le Figaro vient de passer tout près de moi, n'ayant pas l'air de revenir si-tôt.

LA COMTESSE.

Je suis bien impatiente de savoir comment tout ceci se terminera.

Le jeune FIGARO.

A notre avantage. Je ne demande à la belle Inez qu'un peu de fermeté, et de chercher dans son cœur le courage qui lui est nécessaire; mais je vous répète que Don Alvar ne sera jamais son époux: j'ai un moyen à opposer qui arrêtera Monsieur le Comte; et l'amour obtiendra aujourd'hui ce que la perfidie et la scélératesse se proposoient d'enlever.

SCÈNE XIII.

Les précédens, LE COMTE.

LE COMTE, *sortant brusquement du cabinet.*

JE la punirai la scélératesse!

Le jeune FIGARO.

Ah! Ciel!....

LA COMTESSE.

Mon époux!

INEZ.

Mon Père!

SUZANNE.

Grand Dieu!

} *Ensemble.*

COMÉDIE.

LA COMTESSE.

Ecoutez moi, Monsieur le Comte.

LE COMTE.

Que pourrois-je entendre qui vous justifiât?

(*Figaro entre et saute de joie.*)

LA COMTESSE.

Je vous avouerai.....

LE COMTE.

Il n'est plus besoin d'aveu, ce que j'ai entendu me suffit. Nous vivrons encore éloignés l'un de l'autre : vous partirez demain.

LA COMTESSE, *tenant Inez dans ses bras.*

Voyez dans quel état....

LE COMTE.

Qu'elle pleure et m'obéisse.

SUZANNE.

C'est cette peste de Figaro.

LE COMTE.

Lui seul ne me trahissoit pas.

SCÈNE XIV.

Les précédens, FIGARO.

LE COMTE, *à Figaro qui est au fond du théâtre.*

Chasse cet homme, et donne ordre à mes gens qu'on ne le laisse pas approcher du château.

FIGARO.

Fiez-vous à moi.

SUZANNE, *bas au jeune Figaro.*

Que deviendrons-nous?

Le jeune FIGARO, *bas à Suzanne.*

Ne craignez-rien. (*au Comte.*) Monseigneur.

LE COMTE.

Sors de chez moi : sors, ou redoute ma vengeance.

SUZANNE, *bas au jeune Figaro.*

Le notaire va venir.

Le jeune FIGARO.

(*bas à Suzanne.*) Je trouverai le moyen de reparoître. (*au Comte.*) Si vous saviez par quel motif.....

LE COMTE, *à Figaro.*

Et cet amour supposé pour Suzanne, qui favorisoit tant ses complots.

SUZANNE, *bas au jeune Figaro.*

Arriverez-vous assez-tôt?

Le jeune FIGARO.

(*bas à Suzanne.*) En moins d'une heure. (*au Comte.*) Vous serez vengé de celui qui vous trompe.

LES DEUX FIGARO,

LE COMTE.

Je devrois me venger à l'instant : sors, misérable.
(*le jeune Figaro sort.*)

FIGARO, *le suivant.*

Adieu, cadet : c'est moi qui reste.

SCÈNE XV.

INEZ, LA COMTESSE, SUZANNE, LE COMTE.

LE COMTE.

Plus de refus, maintenant ; plus de délais : je veux être obéi.

INEZ.

Ah ! Maman, que je suis malheureuse !

LE COMTE.

Je vous ai déclaré mes intentions, Madame, après la signature, je fixerai l'instant de votre départ.

SUZANNE, *bas à la Comtesse.*

Tout n'est pas désespéré.

SCÈNE XVI.

Les précédens, FIGARO.

LE COMTE.

Allez, Madame, vous m'avez entendu.

LA COMTESSE, *emmenant Inez.*

Vous êtes bien cruel, Monsieur le Comte ! et bien aveugle.

SUZANNE, *à Figaro.*

Hem ! si je pouvois n'être plus ta femme ! (*elle sort.*

FIGARO.

Que le Ciel t'entende !

LE COMTE, *à Figaro en sortant.*

Je te reconnois pour mon digne et zélé serviteur.

SCÈNE XVII.

FIGARO, *seul.*

Excellent homme ! ah !..... on n'en fait plus. Le bon mariage qui va se conclure ! la belle dot ! le beau, l'utile, le désiré partage !.... Je vous noterai sur mes tablettes, journée trop tard venue ! rien qui nous contrarie à présent !..... Si je m'étois endormi, la fortune eût craint de me réveiller ; j'ai couru après elle et je la tiens : *audaces fortuna juvat* ; voilà ma devise.

Fin du quatrième Acte.

COMÉDIE.

ACTE V.
SCÈNE PREMIÈRE.
LE COMTE, FIGARO.

FIGARO.

Hé bien! Monseigneur, vous vous êtes convaincu par vous-même. Avois-je tort dans mes soupçons?

LE COMTE.

J'ai paru trop tôt : on l'auroit peut-être nommé ; et je saurai qui c'est.

FIGARO.

Je ne peux vous le dire, je n'ai que des doutes : mais qu'importe que nous le connoissions? Vous ne le craignez plus. J'ai exactement suivi vos ordres. S'il tentoit d'approcher.....

LE COMTE.

J'y compte, et pour ne plus avoir de précaution à prendre, il faut faire le mariage de Don Alvar, sans perdre de temps. Ce scélérat que je viens de chasser n'a sansdoute pas averti le notaire.

FIGARO.

Je viens d'y envoyer un autre domestique qui nous l'amenera. Ce notaire n'a peut-être pas toute l'activité de son prédécesseur.

LE COMTE.

Je suis fâché qu'il ait cédé sa charge ; je le regrète, c'est un honnête homme.

FIGARO.

Celui-ci ne l'est pas moins puisque l'autre vous a assuré que vous pouviez lui donner votre confiance.

LE COMTE.

A la bonne heure : mais je voudrois qu'il se hâtat. Je vais chercher Don Alvar qui n'ose se présenter seul. Si tu voyois arriver.....

FIGARO.

Je ne perdrai pas de temps : j'irai vous avertir : comptés sur mon zèle, (*le Comte sort.*)

SCÈNE II.
FIGARO, *seul.*

J'aurois bien pu lui faire part de l'idée que j'ai eue un moment, que le jeune Figaro étoit le valet de Chérubin lui-même. Je ne sais pourquoi je ne l'ai pas fait.... c'est que....ce Comte est une vraie girouette, et puis l'habitude d'avoir toujours en réserve la moitié de mes pensées ; de ne les mettre en avant qu'au plus grand besoin....allons, allons : tout est bien. Nous touchons à l'instant où les signatures vont se donner. J'ai déjà celle qui m'étoit nécessaire, (*il tire un papier de sa poche.*) Bonne précaution ! mais inutile si le mariage n'avoit pas lieu. Ce papier, dans ce cas, ne seroit qu'un chiffon, (*il le remet dans sa poche.*) De quoi vais-je m'occuper ? si j'avois quelque chose à craindre. Plaçons la compagnie. (*Il avance la table et un fauteuil.*) Mon cher garde-notte, vous serez là : voilà une écritoire, des plumes, du papier au besoin. Madame la Comtesse aura la complaisance de se tenir là : un fauteuil pour elle. Vous, la jeune mariée, vous vous tiendrez sur celui ci, vous pleurerez dans les bras de la maman, tandis que, du coin de l'œil, vous lorgnerez le futur non aimable. Suzanne enragera dans ce coin. De bout Monseigneur à côté du notaire. Je veux, j'ordonne....je crois l'entendre. D. Alvar plus près de moi ; j'aurai la moitié de ses réponses à lui dicter. Un demi fripon est mal adroit à se donner l'air et le ton d'un honnête homme : mais me voilà, moi, oui, c'est ma place : d'un coup je l'affermis.

SCÈNE III.
FIGARO LE NOTAIRE.

FIGARO.

Que demandez-vous ?

LE NOTAIRE.

Mandé par Monseigneur pour un contrat de mariage.....

FIGARO.

Vivat ; le notaire arrive ! Je court les avertir, reposez-vous. Oui si vous avez quelque chose à écrire auparavant, voilà tout ce qu'il vous faut.

LE NOTAIRE.

J'ai déjà préparé.... (*montrant un papier.*) Par devant...., ; et les noms en blancs ; les articles me seront donnés.

FIGARO.

Vous n'attendrez pas long-temps : ne vous éloignes pas d'ici.
(*Il sort en courant.*)

SCÈNE IV.
LE NOTAIRE, PEDRO.

PEDRO.

(*A Figaro qui sort.*) Seigneur Figaro...... il s'en va bien précipitamment à quelque affaire sans doute.

LE NOTAIRE.

Il ne sera pas long-temps absent.

PEDRO.

Je vous remercie : je vais l'attendre, (*il s'assied et tire son manuscrit.*) Mon ouvrage s'avance... me voilà encore au dénouement, au moment du mariage. Voyons si les signatures seront envoyées une seconde fois.

LE NOTAIRE.

Les signatures ! est ce que vous êtes ici pour le mariage.

PEDRO.

Vous savez bien que toutes les intrigues finissent par un dénouement de cette espèce.

LE NOTAIRE.

Et c'est vous qui en êtes chargé ?

PEDRO.

Oui.

LE NOTAIRE.

Ah! ah.

PEDRO.

C'est à Figaro que je le dois.

LE NOTAIRE.

Je suis ici pour le même objet.

PEDRO.

Pour le même objet ! vous vous êtes donc adressé ?....

LE NOTAIRE.

On est venu me chercher.

PEDRO.

Qui donc ?

LE NOTAIRE.

Un nommé Figaro.

PEDRO.

Ah! ah! que vous a-t-il dit de la demoiselle ? (*a part*) éclaircissons cela.

LE NOTAIRE.

Qu'elle étoit fort jeune et fort jolie.

PEDRO.

De l'âge à peu-près ?

LE NOTAIRE.

De quinze ans.

PEDRO.

(*à part.*) C'est cela (*haut*) bien éprise du futur époux ?

LE NOTAIRE.

Au contraire ; s'il faut en croire....

PEDRO.

Seroit-ce le père qui voudroit la contraindre ?

LE NOTAIRE.

C'est le père qui veut ce mariage, et l'amant est à peine connu.

PEDRO.

(*à part.*) Je n'ai pas besoin d'en savoir d'avantage (*haut,*) Ce Figaro! je suis venu moi-même le prier de me donner cette ouvrage à faire. Il y consent: il me la donne; et dans le même instant il va en charger un autre que moi! Ce procédé me pique, mais, quelque soit votre talent, je continuerai, et nous verrons qui des deux aura mieux suivi ses intentions.

LE NOTAIRE.

Il ne faut pas vous fâcher pour cela. Je ne dispute ni votre talent ni le droit que vous avez de terminer ce contrat de mariage, puisque vous êtes venu les solliciter. Le prix de cette démarche vous est dû, (*à part*) c'est le tabellion du village. (*haut*) Adieu je vous cède la place, je vois que vous n'avez pas affaire à un concurrent avec qui il soit bien difficile de s'arranger. (*il sort.*)

SCÈNE V.

PEDRO, *seul*.

Passe, passe pour cela: mais le seigneur Figaro n'en à pas moins de tort d'avoir donné le même sujet à deux auteurs. Je brûlerois ces manuscrits si l'ouvrage n'étoit pas si avancé, ne témoignons pas cependant trop d'humeur, j'ai besoin de quelque scène qui anime mon dénouement.

SCÈNE VI.

PEDRO, LE COMTE, D. ALVAR.

LE COMTE.

Rassurez vous, D. Alvar; ma volonté est une loi à laquelle il faut que chacun ici se soumette.

D. ALVAR.

Je ne devrai qu'à cette obéissance ce que j'espère un jour par mes soins.

LE COMTE.

Je vous ai choisi pour mon gendre: le notaire est arrivé; il nous attend; et ces refus, j'en suis sûr ne seront pas bien difficiles à vaincre. (*apercevant Pedro*) C'est peut....est ce vous qui attendiez ici?

PEDRO.

Oui Monseigneur, pardon si je n'ai pas pris la liberté....

LE COMTE.

Je vous attendois avec impatience.

PEDRO.

C'est trop d'honneur que vous me faites.

LE COMTE.

Figaro vient de m'avertir....

PEDRO.

PEDRO.

Est-ce que Monseigneur daigneroit agréer mon ouvrage et mes soins ?

LE COMTE.

Si je daignerai l'agréer ! c'est un vrai service que vous me rendrez.

PEDRO.

Votre protection.....

LE COMTE.

C'est la première fois que vous travaillez pour moi, mais je suis charmé de vous connoître, et je vous employrai toujours avec plaisir.

PEDRO.

Monseigneur.... vous me rendez confus. (*à part*) Je lui dédierai mes pièces, Figaro n'a plus de tort avec moi.

LE COMTE.

Quel est ce papier ?

PEDRO.

C'est le commencement, une partie de l'ouvrage. Ce qui me reste à faire est le plus important.

LE COMTE.

(*à D. Alvar.*) Les articles, (*à Pedro*) je vous dirai qu'elles sont ses intentions.

PEDRO.

Je me ferai un devoir de suivre exactement ce que Monseigneur voudra bien me prescrire : ses lumières....

LE COMTE.

Je ne vous dicterai rien qui ne soit juste et raisonnable.

PEDRO.

Je n'en doute pas : voulez-vous, Monseigneur, jetter les yeux sur ce que j'ai déjà fait ?

LE COMTE.

Le commencement est je pense, dans la forme ordinaire.

PEDRO.

Oui, mais je serai charmé de recevoir vos avis, si vous trouvez par hazard.....

LE COMTE.

Ah ! c'est trop de modestie.

PEDRO.

Il y a assez de différence dans les caractères, pour que l'ensemble soit piquant. La fille est timide et ingénue. La mère bonne et docile, le père a tout l'entêtement d'un homme borné, séduit par un fripon.

LE COMTE.

Comment ?

PEDRO.

C'est un grand seigneur qui, à peu de génie, et qui, sans s'en apercevoir, est le jouet de tous ceux qui l'entourent ;

I

LE COMTE.

Que dites vous ? de qui parlez-vous ?

PEDRO.

Je parle de ce père qui veut sacrifier sa fille, en la mariant à un avanturier.

D. ALVAR.

Cette insolence mériteroit....

PEDRO.

Non il ne faut pas l'accuser d'insolence. Cet amant est au contraire souple, rampant, il cherche à excroquer une dot, et veut par ce moyen se tirer de la misère qui le poursuit.

D. ALVAR.

(au Comte.) Ce notaire a perdu la cervelle. Pourriez vous ajouter foi....

LE COMTE.

Fi! qu'elle idée!...(à Pedro) Mais c'est une inpudence dont rien n'approche.

PEDRO.

Je conviens que ce personnage est un scélérat....

D. ALVAR.

Ah! c'en est trop, monsieur le Comte, vengez moi de cet homme.

PEDRO, surpris.

De quel homme ?

LE COMTE.

De toi, faquin je te ferai périr sous le bâton.

PEDRO, effrayé.

Monseigneur.... Monseigneur ; ai-je pu vous offenser ?

LE COMTE.

Il est fou! il l'est sur ma parole.

PEDRO.

Vous n'aprouvez pas le sujet que je traite ? ce que j'ai dit n'est pas de moi. Tout cela m'a été fourni : c'est de Figaro que je le tiens.

D. ALVAR, à part.

Ah! grand dieu! je suis trahi.

LE COMTE.

Quoi !.... Figaro....

PEDRO.

Oui, Monseigneur ; je n'ai parlé que d'après lui.

LE COMTE.

C'est lui qui vous a dit....

PEDRO.

Tout ce que vous venez d'entendre.

LE COMTE, à D. Alvar.

Ce malheureux en m'aidant à découvrir tout ce qui se tramoit contre vous, vouloit avoir seul le plaisir de vous perdre.

COMÉDIE.

D. ALVAR.

Quel monstre:

PEDRO, *à part.*

Qu'est-ce donc qu'ils disent?

LE COMTE.

Allez; allez, mais restez au château; là, je vous rappelerai, je veux voir si Figaro osera vous démentir.

PEDRO.

(*saluant.*) Monseigneur.... (*à part*) Je ne comprends rien à tout cela, moi. (*il sort.*)

SCÈNE VII.

LE COMTE, D. ALVAR.

D. ALVAR.

JE ne peux concevoir par quelle raison Figaro veut me noircir dans votre esprit, et rompre mon mariage.

LE COMTE.

A-t-on jamais pu deviner ce qui le fait agir? J'ai chassé l'autre Figaro parce qu'il vous étoit contraire. C'est celui-ci qui m'a donné les moyens de le convaincre: qui s'ait s'il ne l'avoit pas apposté lui-même. Le notaire est de leur parti; ma tête se perd dans toutes ses conjectures; mais je m'en vengerai.

D. ALVAR.

Je serais bien malheureux s'il vous restoit quelque doute sur l'honnêteté de mes démarches.

LE COMTE.

Ai-je donc perdu le sens? ne vois-je pas que l'on conspire contre vous? Puis-je me méprendre à la conduite de ce fourbe? je vous reste, je vous soutiens, soyez tranquille.

D. ALVAR.

Que dites vous de cette joye avec laquelle il nous a annoncé l'arrivée du notaire?

LE COMTE.

Je dis... je dis que je suis indigné, et que ma colère lui sera funeste.

D. ALVAR.

Le voilà.

SCÈNE VIII.

LE COMTE, FIGARO, D. ALVAR.

FIGARO, *accourant.*

MONSEIGNEUR, faut-il avertir madame la Comtesse, Mademoiselle Inez! me voilà prêt à vous servir le plus promptement... et le notaire?

LE COMTE, *le prenant au collet.*

Je te tiens donc impudent laquais : tu verras si je sais punir un scélérat comme toi.

FIGARO.

Qu'est-ce que cela signifie ?

LE COMTE.

Tu feins d'ignorer.... tes infâmes manœuvres sont découvertes, tu n'échaperas à ma vengeance.

FIGARO.

Hé ! qu'ai-je donc fait ?

LE COMTE.

Ce que tu as fait misérable ! va, va, je ne serai plus ton jouet, je rassemblerai toutes les perfidies dont tu es coupable envers moi depuis seize ans, et les punirai toutes à-la-fois.

FIGARO.

Il y a-t-il encore du jeune Figaro la dedans ?

LE COMTE.

Son air étonné, son sang-froid augmentent ma fureur.

FIGARO, *à part à D. Alvar.*

Expliquez-moi donc cela vous, la tête lui a tourné

D. ALVAR.

Imposteur abominable.

FIGARO.

A l'autre !

D. ALVAR.

Traître !

FIGARO.

Hé ! quel diable de l'engage !

D. ALVAR.

Avec l'air de me servir, tu as voulu me perdre entièrement.

FIGARO.

J'ai voulu vous perdre !

D. ALVAR.

Si monsieur le Comte pouvoit te pardonner, je saurois te punir moi-même.

FIGARO.

Nous ne nous entendons pas, messieurs ; je vous salue.

LE COMTE.

Arrête : ne pense pas fuir. (*à D. Alvar*) Croyez-vous que je sois assez foible pour lui pardonner ? non, non.

FIGARO.

A vôtre aise ; mais que je sache au moins....

LE COMTE.

Ton avis est donc que je suis un imbecile entêté ?

FIGARO.

Ah ! ah !

LE COMTE.

Que je veux forcer ma fille à un mariage qui nous deshonore ?

COMÉDIE.

FIGARO.

Comment donc....

LE COMTE.

Que je suis le jouet d'un fripon?

FIGARO, *bas à D. Alvar.*

Où peut-il en avoir tant appris?

D. ALVAR.

Je n'ai donc paru ici que pour escroquer une dot?

FIGARO.

Ah! ah!

D. ALVAR.

Je suis un avanturier?

FIGARO, *à part.*

Tout est découvert.

D. ALVAR.

Souple, rampant, et sans fortune?

FIGARO, *à part.*

Je ne m'attendois pas à celui-là.

LE COMTE.

Tu te tais maintenant, tu es confondu.

FIGARO.

Non, mais bien surpris.

D. ALVAR.

As-tu cru que monsieur le Comte, que je revère et que tu outrages, ne se vengeroit pas de ton insolence?

LE COMTE.

As-tu pensé que le seigneur D. Alvar, que j'estime, que j'aime, qui va être mon gendre, ne s'uniroit pas à moi pour te punir?

FIGARO, *à part.*

L'un sait tout! l'autre est connu; et ils sont d'accord.

D. ALVAR.

Parle, réponds.

FIGARO, *à part.*

Il y a quelque génie espiègle qui plane sur cette maison; et s'amuse de ces gens-là.

LE COMTE.

Mais, parle donc.

FIGARO.

Que puis-je vous dire? Je tombe de mon haut, d'où tenez-vous?....

LE COMTE.

D'où? et le notaire que tu as séduit?

FIGARO.

Le notaire!

D. ALVAR.

Oui; par la bouche de qui tu as voulu faire parvenir toutes tes impostures.

LES DEUX FIGARO,

LE COMTE.

Qui nous attendoit ici pour cela.

D. ALVAR.

Et qui à avoué ne parler que d'après toi :

FIGARO.

Le notaire ! que je séduis ! qui parle d'après moi ! je ne le connoissois point : je ne l'ai vû qu'un instant ; et j'ai couru vous avertir.

LE COMTE.

Voyons si ton audace ira jusqu'à le démentir lui-même. (*il appelle*) Hola ! quelqu'un !

FIGARO, *bas à Don Alvar*.

Vous êtes vous confié à quelqu'autre qu'à moi ?

D. ALVAR, *bas à Figaro*.

Non, et c'est toi que j'aurois du craindre le plus.

SCÈNE IX.

Les précédens, UN DOMESTIQUE.

LE DOMESTIQUE.

Monseigneur a-t-il appelé ?

LE COMTE.

N'y a-t-il pas là quelqu'un qui attend ?

LE DOMESTIQUE.

Un Monsieur qui a du papier à la main, et qui parle haut en faisant de grands gestes.

LE COMTE.

Il sort d'ici ?

LE DOMESTIQUE.

Il n'y a qu'un moment.

LE COMTE.

Fais le revenir, et tout de suite. (*le domestique sort.*)

SCÈNE X.

LE COMTE, D. ALVAR, FIGARO.

LE COMTE.

Je suis curieux de voir comment tu soutiendras ton mensonge.

D. ALVAR.

Tes impostures.

FIGARO.

J'attends, pour vous répondre, le notaire aux grands gestes.

D. ALVAR, *bas à Figaro*.

Je ne t'aurois jamais cru capable de cette noirceur.

COMÉDIE.

SCÈNE XI.

LE COMTE, PEDRO, FIGARO, D. ALVAR.

PEDRO.

Je me rends aux ordres de Monseigneur.

LE COMTE.

Le voilà, bon, approchez.

FIGARO, *voyant Pedro.*

Quoi! c'est.....

LE COMTE.

Oui, c'est lui-même.

FIGARO.

C'est-là le notaire! hé! vous vous mocquez tous de moi. C'est un diable d'auteur qui me fait enrager.

LE COMTE.

Comment! un auteur!

PEDRO.

Qui n'ose plus vous offrir une pièce que vous avez désaprouvée.

LE COMTE.

Une pièce, un auteur! notaire ou faiseur de comédie, que venez vous faire ici?

PEDRO.

Consulter le seigneur Figaro.

LE COMTE.

Sur quoi?

PEDRO.

Sur le dénouement de mon ouvrage.

LE COMTE.

Quel ouvrage?

PEDRO.

Une comédie dont il m'a fourni le sujet.

LE COMTE.

Et c'est dans cette comédie qu'il est question de ce père, de ces amans dont vous nous avez parlés?

PEDRO.

Oui, Monseigneur.

FIGARO.

Monsieur l'auteur m'a valu une suite d'épithètes et de traitemens biens doux, dont je devrois lui faire part.

LE COMTE.

Qui jamais aurois pensé?....

PEDRO.

Monseigneur est-il d'avis que je continue?

LE COMTE.

Faites votre pièce ; faites-là : me voilà tranquille. (*il fait quelques pas pour sortir.*)

D. ALVAR.

(*à part.*) Et moi, je ne le suis pas : ce rapport.... (*bas à Figaro.*) Fourbe, tu me trahis.

FIGARO.

Comment donc ?

D. ALVAR.

Cette comédie..... Mais c'est notre intrigue.

FIGARO.

Je le sais.

D. ALVAR.

Hé bien ?

FIGARO.

Chut : nous parlerons de cela.

LE COMTE, *revenant.*

(*à Figaro.*) J'ai pourtant quelque inquiétude, tu m'as annoncé que le notaire.....

FIGARO, *à l'auteur.*

Vous devez l'avoir vu ?

PEDRO.

Je n'ai vu qu'un auteur à qui vous aviez donné le même sujet qu'à moi.

FIGARO.

Et qu'est-il devenu ?

PEDRO.

Il est sorti piqué ; disant que puisque nous étions tous les deux ici pour la même affaire, il me cédoit la place.

LE COMTE.

Il est parti ?

PEDRO.

Oui, Monseigneur.

LE COMTE.

Qu'on coure après lui. Hola ! quelqu'un.

SCÈNE XII.

Les précédens, UN DOMESTIQUE, *qui paroît au fond.*

LE COMTE, *au domestique.*

VA me chercher mon notaire, à toute bride, et ne perds pas un instant. (*le domestique sort.*)

PEDRO.

Monseigneur, pardonnez-moi une erreur qui a fait partir votre notaire ; et pour mettre le comble à vos bontés, daignez agréer que votre nom soutienne mon ouvrage.

LE COMTE.

COMÉDIE.

LE COMTE.

Si cela peut vous être utile, je le veux bien.

FIGARO, *à part.*

Il ne lui manquoit plus que de partager cette comédie. (*haut*) Eh! voilà le notaire.

SCÈNE XIII.

Les précédents, LE NOTAIRE.

LE COMTE.

On disoit que vous étiez parti?

LE NOTAIRE.

Je l'étois en effet : on m'a invité à revenir.

LE COMTE.

Qui?

LE NOTAIRE.

Le même Figaro qui étoit venu me chercher ?

FIGARO.

Il rôde encore aux environs.

LE COMTE.

Mais comment se fait-il que lui-même me renvoie le notaire ?

FIGARO.

Ce jeune Figaro est inconcevable. Il n'aprochera pas d'ici; voilà ce qu'il y a de sûr.

PEDRO, *à Figaro.*

Quand vous serez plus libre, je viendrai vous prier....

FIGARO.

Oui! oui, dans un autre moment. (*Pedro sort.*)

LE NOTAIRE.

Monsieur renonce donc?....

LE COMTE.

Vous avez pris le change : ce n'est qu'un auteur.

LE NOTAIRE.

Ah! c'est différent.

LE COMTE.

Dressons notre contrat. (*à Figaro.*) Va chercher la Comtesse et ma fille.

FIGARO.

J'y cours. (*il sort.*)

SCÈNE IV.

LE NOTAIRE, LE COMTE D. ALVAR.

LE COMTE, *à D. Alvar.*

Je respire à la fin; et vous allez être satisfait. Je vous prouverai l'amitié que j'ai pour vous.

K

D. ALVAR.

Je suis trop persuadé que ma recherche n'est point agréable pour ne pas craindre encore....

LE COMTE.

Vous êtes bien timide, vous verrez que dans peu tout le monde sera d'accord. Ma volonté décidera.

D. ALVAR.

Je n'ai qu'elle pour me soutenir.

SCÈNE XV.

SUZANNE, INEZ, LA COMTESSE, LE NOTAIRE, LE COMTE, D. ALVAR, FIGARO.

SUZANNE, *apercevant D. Alvar et le Notaire.*

Ah! je vois pourquoi l'on nous a fait appeler, (*à Figaro*) tu t'es chargé avec plaisir de cette commission?

LE COMTE, *à la Comtesse.*

Madame vous voyez Monsieur, et vous savez ce qui l'amène ici.

LA COMTESSE.

Un moment, s'il vous plait, monsieur le Comte, souffrez que je m'adresse à D. Alvar. (*à D. Alvar*) Je n'ai nul doute sur votre honnêteté; je veux vous croire digne de ma fille, vous ne négligerez rien pour son bonheur, j'en suis sûre : mais sa répugnance pour ce mariage prouve trop que son cœur s'y refuse; avec de tels sentimens pourroit-elle vous plaire et pourriez vous espérer d'être heureux vous-même?

D. ALVAR.

Si les soins les plus tendres et les plus constants peuvent enfin obtenir quelque retour, j'ai droit de l'attendre, ses vertus et mon amour me rassurent.

LA COMTESSE.

Puisque la raison que je vous ai donnée ne suffit pas : il vous en faut une qui suffira sans doute pour arrêter vos poursuites. Sachez qu'elle aime un autre que vous ; que j'autorise son inclination; et qu'après vous avoir donné sa main, elle vous rendroit, malgré elle, témoin de ses regrets, que ni vos soins, ni votre amour ne pourroient diminuer.

LE COMTE.

Il paroit que Suzanne vous a donné son courage. C'est moi qui réponds à cette raison que vous croyez sans replique; et voici ce que j'y oppose, j'ai choisi D. Alvar pour l'époux de ma fille, et je veux être obéi.

D. ALVAR.

Monsieur le Comte, des refus si constants doivent m'ôter l'espoir......

INEZ.

Ah! parlez pour moi, seigneur D. Alvar, montrez vous géné-

COMÉDIE.

reux ; que je vous devrai de reconnoissances, si vous daignez renoncer à moi ; et si vous pouvez obtenir de mon père qu'il me pardonne.

D. ALVAR.

Il suffit de vous voir un instant, Mademoiselle, pour sentir qu'il est impossible de renoncer à vous.

INEZ.

Mon père....

LE COMTE.

Je n'écoute plus rien. (*au Notaire*) Approchez Monsieur, voilà une table, une écritoire, et terminons tous ces débats.

LA COMTESSE, *bas à Suzanne.*

L'heure se passe.

SUZANNE, *bas à la Comtesse.*

Tant mieux il ne tardera pas.

(Ils se trouvent placés comme Figaro l'a indiqué à la seconde scène.)

INEZ.

Maman, qui me consolera ?

LA COMTESSE.

Cher enfant !

SUZANNE, *de loin à Figaro.*

Tu triomphes ! ah scélérat !

FIGARO.

Les voilà justement, comme je me suis figuré ce tableau.

LE NOTAIRE.

Par devant....

LE COMTE, *tenant D. Alvar par la main.*

Vous tremblez.

LE NOTAIRE.

Par devant.... etc. etc. furent présents.... le noms des futurs époux ?

LE COMTE.

Le seigneur D. Alvar.

LE NOTAIRE.

(*en écrivant il répète*) D. Alvar.... Point d'autre nom ? et vos qualités, vos titres ?

SCÈNE XVI.

Les précédents, CHÉRUBIN, *en uniforme, il se place entre le Notaire et le Comte.*

CHÉRUBIN, *dicte au Notaire.*

Torribio ci-devant laquais du colonel Chérubin.

D. ALVAR, *le reconnoissant, se couvre le visage de ses mains.*

Grand dieu !

FIGARO.
Tout est perdu!
LE COMTE.
Quel horreur!
LA COMTESSE.
Monsieur le Comte.
INEZ.
Mon père!
SUZANNE.
Ah! voilà qui nous sauve.
CHÉRUBIN.
Vous voyez, Monseigneur, le jeune Figaro, dont vous aviez aujourd'hui accepté les services : c'est Chérubin lui-même. L'amour m'avoit conduit ici; c'est l'amour qui m'y ramène, et l'espoir d'y obtenir votre aveu en démasquant le fourbe qui vouloit vous surprendre.
LE COMTE.
Mais comment se peut-il que D. Alvar?....
CHÉRUBIN.
Don Alvar? lui!
D. ALVAR.
Ce nom est le mien, Monsieur le Comte en a lu les preuves, mais je n'en suis pas moins coupable; rien ne me justifie, j'en ai imposé sur tout le reste. Je n'implore pas mon pardon; mais vengez-vous du scélérat, (*montrant Figaro*) qui me traçoit ma conduite et m'assuroit le succès de mon audace.
FIGARO.
Croira-t-on?....
LE COMTE.
Paix.....
CHÉRUBIN.
Allez, Don Alvar, rendez-vous digne du nom que vous portez : profitez de vos remords; peut-être un jour pourrais-je vous être utile?
D. ALVAR.
Vous avez vu ma confusion; n'oubliez pas mon repentir. Je sors pénétré de vos bontés, et je vais employer ma vie à réparer mes torts. (*il sort.*)

SCÈNE XVII.

Les précédens, excepté D. ALVAR.

LE COMTE.
Tout ceci me paroît un songe. Ah! mon ami, il n'est qu'un moyen de reconnoître ce service.
CHÉRUBIN, *montrant Inez.*
Mnoseigneur.....

COMÉDIE.

LE COMTE.

C'est ce que je voulois dire : tu as fait revenir le notaire; il ne nous sera pas inutile : tu m'entends? allons, et je ferai le bonheur de tout ceux qui m'intéressent. (*il passe entre Inez et la Comtesse.*)

INEZ.

Ah! mon père.

LA COMTESSE.

Que vous me donnez de joie !

LE COMTE.

Vous me pardonnez.

LA COMTESSE.

Pas d'autre réponse que celle-là. (*Elle l'embrasse. Inez l'embrasse en même-temps.*)

LE COMTE, *à Figaro.*

Tu as assez de mes bienfaits pour ne pas craindre la misère : vas vivre loin de moi, vas porter ailleurs tes indignes manœuvres, monstre que je devrois punir....

SUZANNE.

Monseigneur......

LE COMTE.

Tu souffres, viens Suzanne, allons mes enfans. (*au notaire.*) Suivez nous : (*ils sortent.*)

SCÈNE XVIII.

FIGARO, *seul.*

Il ne me reste de toute cette intrigue que ce papier signé Don Alvar.... et voilà le cas que j'en fais. (*Il le déchire.*) Ce Chérubin maudit : cet animal de Torribio, qui n'a pas sçu l'appercevoir, le reconnoître.

SCÈNE XIX.

FIGARO, PEDRO.

PEDRO.

Tout le monde vient de sortir : vous êtes libres, et....

FIGARO, *l'interrompant avec emportement.*

Ah! le mariage et la dot sont au diable. L'amant déguisé triomphe : les deux intrigans sont chassés, l'un est déjà parti, et l'autre s'en va. Adieu. (*il sort.*)

SCÈNE XX.

PEDRO, *seul.*

Ce dénouement est tout simple : il est naturel, voilà ma dernière scène. (*traçant de la main sur son manuscrit.*) Ici on salue, le parterre applaudit..... peut-être, et la toile tombe.

Fin du cinquième acte.

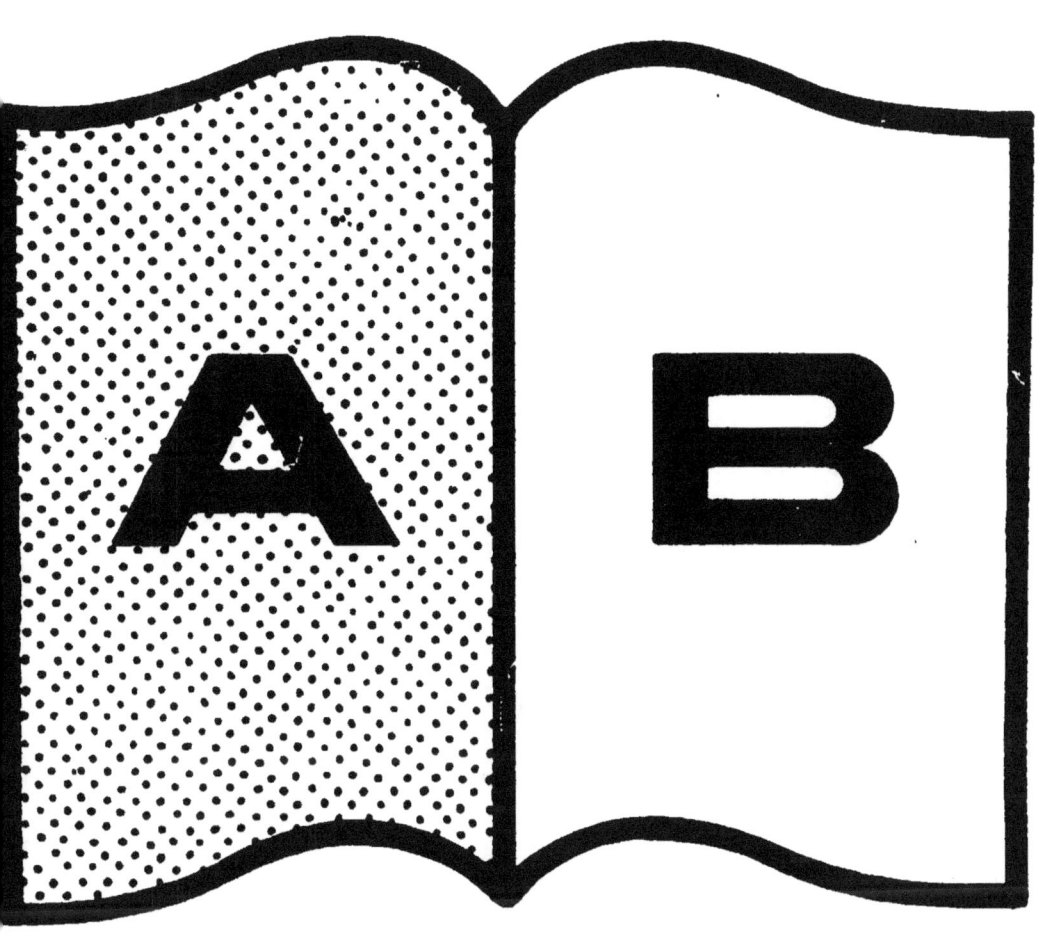

Contraste insuffisant

NF Z 43-120-14

www.ingramcontent.com/pod-product-compliance
Lightning Source LLC
LaVergne TN
LVHW020326100426
835512LV00042B/1672